大葉レシピ

爽やかな香りと風味の青じそ献立

日東書院

大葉のチカラ

カラダに
うれしい栄養素が
たくさん！

意外と知られていませんが、大葉は私たちの体にとってうれしい栄養がギュッとつまった野菜です。ここではそんな大葉のパワーを紹介します。

日本人に愛される大葉

香りがよく、日本のハーブともいえる大葉は、刺身のつまや、天ぷら、その他日本料理の薬味に昔から使われてきました。葉だけでなく、発芽まもない芽じそ、花をつけた花穂じそ、実が入った穂じそもまた、お刺身などの付け合わせや薬味に使われています。赤じそは、日本では平安時代以前から栽培されていたといわれていますが、現在のように年間を通して栽培され、流通するようになったのは昭和30年代から。全国シェアNo.1は愛知県豊橋で、土づくりにこだわり、温室の温度・湿度管理など最新栽培技術を取り入れた大葉生産が行われています。

大葉ってどんな食べ物？

大葉は青じその葉の意味で、青じその葉を束ねて販売するために考案された商品名が「大葉」であるという説と、刺身のつまものとして利用されていた芽じそと区別するために名付けられたという説があります。今では「大葉」「青じそ」のどちらも使われています。原産は中国南部からミャンマー、ヒマラヤにかけて。漢方で「蘇(そ)葉」と呼ばれる赤じそを乾燥させたものは、不安や抑うつなど精神を安定させたいときの気剤として使われることもあります。旬の季節は夏ですが、現在は栽培技術が発達して一年中流通しているので、年間を通して楽しめるのも魅力のひとつです。

大葉の栄養素比較

（五訂食品成分表より抜粋）

栄養成分　可食部100gあたり		大葉	にんじん	パセリ	ブロッコリー
	たんぱく質 (g)	3.9	0.6	3.7	4.3
	脂質 (g)	0.1	0.1	0.7	0.5
	炭水化物 (g)	7.5	9.1	8.2	5.2
	食物繊維 (g)	7.3	2.7	6.8	4.4
	灰分 (g)	1.7	0.7	2.7	1.0
無機質	カリウム (mg)	500	280	1000	360
	カルシウム (mg)	230	28	290	38
	ナトリウム (mg)	1	24	9	20
	リン (mg)	70	25	61	89
	鉄分 (mg)	1.7	0.2	7.5	1.0
ビタミン	A[カロテン] (mg)	11,000	9,100	7,400	810
	B1 (mg)	0.13	0.05	0.12	0.14
	B2 (mg)	0.34	0.04	0.24	0.20
	ナイアシン (mg)	1.0	0.7	1.2	0.8
	C (mg)	26	4	120	120

大葉の基礎知識

大葉ってどんな野菜でいつが旬なの？ どんなものを選んだらいい？ など
大葉について知っておきたい基礎知識をまとめました。

しその種類

しそには緑色の葉をした大葉（青じそ）、赤紫色の葉をした赤じそがあります。青じその若芽を青芽、赤じその若芽を紫芽（むらめ）と呼びます。花穂じそは花が3割程度開きかけたしその花穂。穂じそは花が落ちた後、実が未熟なうちに穂先を収穫したものです。

旬の季節

青じその旬は6〜9月、赤じその旬は6〜7月です。特に赤じそは、旬の時期しか出回りません。穂じその実は、葉の時期をすぎた夏の終わりが旬。しその実を家庭菜園などで収穫する場合は、花が散ると実が固くなるので、6割程度咲いたものを収穫します。

選ぶポイント

色が鮮やかで葉先までぴんとしてみずみずしく、大葉独特の、香りが強いものを選びましょう。黒い斑点があるものは避けましょう。また、茎の切り口もチェック。茎の切り口が黒ずんでいるものは新鮮さに欠けます。花穂じそは、あらかじめつぼみの多いものを選びます。

栄養面の特徴

大葉はとても栄養価の高い野菜です。特にカロテンの含有量は、野菜の中でもトップクラス。カロテンが多く含まれることで有名なにんじんに比べて、1.2倍も含まれています。カルシウム、鉄分も豊富に含まれ、ビタミンもB1、B2、Cが多く含まれています。

{memo} 大葉と同じシソ科のハーブ

西洋のしそと言えるのがここにあげたハーブ類。どれも爽やかな香りが特徴。
しそと組み合わせて、料理や生活に取り入れてみてはいかが？

ミント
清涼感のある香りが特徴のハーブ。主な香り成分のメントールは医薬品の成分としても利用されています。

セージ
古代ギリシャ時代から薬用や香辛料として利用されていたハーブ。すっきりとした爽やかな香りが特徴です。

タイム
たくさんの種類があり、一般的なのはコモンタイムやレモンタイム。ハーブオイルなどに使われます。

オレガノ
イタリア料理やメキシコ料理でよく使われる。消化促進作用、発汗作用などがあると期待されています。

ローズマリー
強い香りを持つハーブで、殺菌や抗菌作用を持ち、精神を休める作用が期待できます。肉料理との相性が◎。

レモンバーム
レモンのような爽やかな香りを放ちます。ハーブティーや料理の香り付け、ポプリなどに利用します。

バジル
さっぱりとした香りの葉はリラックス効果や食欲促進作用が期待できます。イタリア料理によく合います。

ラベンダー
花や茎、葉などに香りを持ち、食用としても利用されています。ラム肉や豚肉と相性がよいハーブです。

大葉が持っている
体に嬉しい7つのポイント

大葉には私たちの体にとってうれしい作用が期待できます。ここでは、大葉が持つ様々なパワーを紹介します。

効果 1
アンチエイジング

大葉のβ-カロテン含有量は、野菜の中でもトップクラス。β-カロテンは免疫力を高め、ガンや動脈硬化などを引き起こす活性酸素から身体を守ってくれる抗酸化作用があります。また大葉はα-リノレン酸も豊富。体内でDHAやEPAに変換されます。老化を防ぐとされてます。

効果 2
貧血予防

大葉には鉄分が豊富に含まれます。貧血は不足している鉄分を補給することが必要なので、鉄分を多く保有する大葉は貧血予防に適した食材といえます。また鉄の吸収を助けるビタミンCも多く含んでいます。しそ酒やしそジュースなどにして毎日の習慣にするのもおすすめです。

効果 3
代謝の促進

大葉は、ミネラルの一種であるカリウムを多く含んでいます。カリウムは、体内で増えすぎたナトリウムを尿として排出させる働きがあります。体内の水分代謝をコントロールすることで、むくみや水太りの解消が期待できます。

効果 ④

腸をキレイにする

大葉や赤じその香り成分であるペリルアルデヒドは、胃液の分泌を促し、食欲を増進させ、胃腸の動きを活発にしてくれます。赤じそは、胃腸の症状改善のための漢方薬にも使われています。

効果 ⑤

アレルギーの緩和

しそに含まれるポリフェノールの一種、ロズマリン酸は、高い抗酸化力で活性酸素の発生をおさえ、アレルギー症状などを起こしにくくするとされています。日常的に体内に摂り入れることで、炎症の悪化を抑えるだけでなく、炎症が起きにくい体を作ることが期待できます。

効果 ⑥

抗菌作用

大葉に含まれる香り成分のペリルアルデヒドは、強い防腐作用、抗菌作用を持っています。刺身のつまや料理のあしらい、薬味に大葉を使うことが多いのは、この抗菌・殺菌作用を期待しているからで、若干の防腐作用もあるとされています。

効果 ⑦

美肌効果

大葉に含まれるβ-カロテンは、肌を酸化させて老化を招くのを防いでくれます。また大葉に豊富に含まれるカルシウムは、肌の細胞と細胞をつなぐ働きがあります。ビタミンCもたくさん含まれるので、美白に効き目があるとされています。

Part 1

大葉を使った
保存食

CONTENTS

- 10 大葉ジェノベーゼ
- 12 大葉ジェノベーゼのオレキエッテ温泉たまご添え
- 14 大葉のピリ辛オイル漬け
- 16 大葉のオリーブ油漬け
- 17 しその実のしょうゆ漬け
- 18 大葉こしょう
- 19 大葉にんにくしょうゆ
- 20 大葉のディップソース
- 21 大葉の柑橘ソース
- 21 大葉にんにくしょうがソース

- 22 大葉クロスティーニ
- 23 カマンベールチーズとサーモンの大葉サンド
- 24 カツオと大葉のカルパッチョ
- 25 大葉とひじきのふりかけ
- 26 大葉ふりかけ
- 28 大葉酒
- 29 赤じそジャム
- 29 赤じそジュース
- 30 COLUMN 1 大葉の正しい保存方法・刻み方

Part 3 大葉を使った 洋食

52 大葉のキャロットラペ
53 大葉とアボカドのサラダ
54 大葉とトマトのクスクスサラダ
56 大葉とベーコンのリゾット
57 ホタテのポワレ 大葉のクリームソース
58 大葉のブルスケッタ
59 大葉とハムのリエット風 トースト添え
60 大葉のスパニッシュオムレツ
61 クリームチーズとエビのピンチョス
62 大葉と生ハムとモッツァレラの冷製パスタ
64 大葉ハンバーグ
65 魚介の大葉入りターメリックスープ
66 COLUMN 3 大葉と塩の保存食 大葉塩漬け／大葉塩

Part 2 大葉を使った 和食

32 焼きじゃがいもの大葉サンド
34 イワシの大葉焼き
35 アボカドの大葉巻き
36 大葉肉じゃが
37 大葉いなり
38 大葉とツナの油揚げ巻き
39 大葉ご飯の肉巻きおにぎり
40 韓国風大葉おにぎり
42 大葉ふりかけのおにぎり
43 大葉のみそ風味おにぎり
44 大葉の香り鶏つみれ
46 照り焼きカジキ丼 大葉タルタルソース
48 大葉入り唐揚げ
49 ささみの大葉揚げ
50 大葉とエビのさつま揚げ
　大葉のみりん干し巻き
　大葉の肉みそ巻き
　COLUMN 2 大葉を使った郷土料理 さんが焼き

7

Part 4

大葉を使った
おやつと飲みもの

2 カラダにうれしい栄養素がたくさん！ 大葉のチカラ
4 大葉が持っている体に嬉しい7つのポイント
8 本書のルール
85 生産者便り
86 レシピインデックス

68 大葉スムージー
69 大葉スコーン
70 大葉わらび餅
72 大葉クラッシュゼリー
73 大葉ヨーグルトジェラート
74 大葉ムース
76 赤じそのレアチーズケーキ
77 大葉シャーベット

78 大葉のポテトガレット
80 大葉シフォンケーキ
82 大葉モヒート
83 COLUMN 4 ドライ大葉の作り方とアレンジ 大葉七味
84 COLUMN 5 大葉を育てる

本書のルール

● **下ごしらえについて**
野菜は特に表記がない場合、洗う・水気をきる・皮をむく作業は済ませてからの作り方です。

● **レシピについて**
小さじ1は5㎖、大さじ1は15㎖、1カップは200㎖です。

● **味付けについて**
味付けは素材の水分、料理する人の味覚や体調により変化するのでレシピの分量はあくまで目安として、料理の最後に味見しながら調整してください。

● **電子レンジについて**
機種、ワット数により調理時間が多少異なります。本文中は600Wの電子レンジを使っていますが、お手持ちのレンジによって調理時間を加減してください。

● **オーブン・トースターについて**
機種によって焼き上がりに差があるので、様子を見ながら使用してください。

Part ①

大葉を使った
保存食

保存が難しい大葉も保存食にすることで、
長い間爽やかな風味を楽しむことができます。

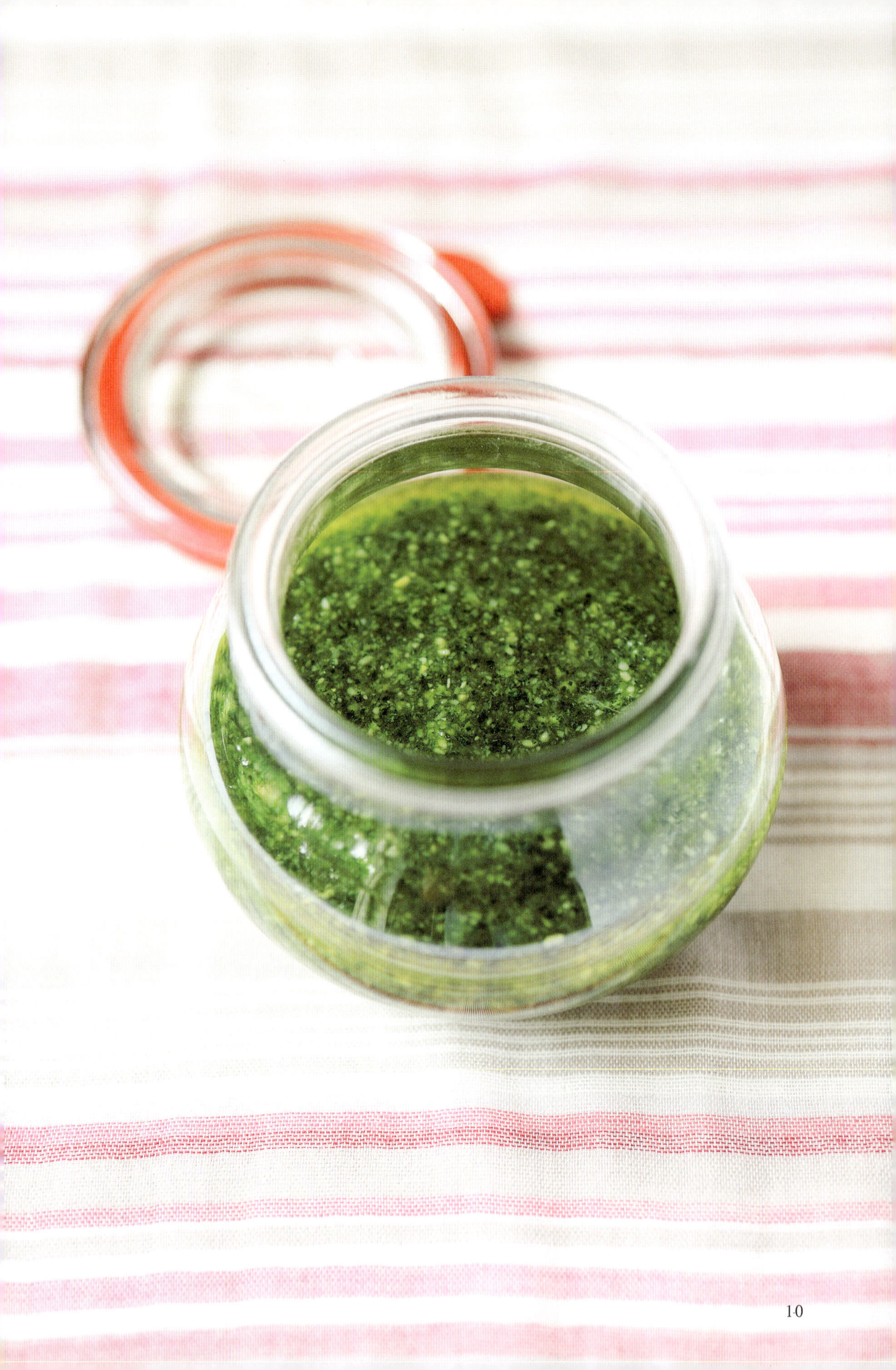

arrange

大葉ジェノベーゼを使ったレシピ

- 大葉ジェノベーゼのオレキエッテ
  温泉たまご添え ➡ 12ページへ
- ホタテのポアレ
  大葉のクリームソース ➡ 56ページへ

大葉ジェノベーゼ

大葉の香りを最大限に生かせる

材料（作りやすい分量）
- 大葉 … 30g
- にんにく … 1片
- 松の実 … 30g
- オリーブ油 … 50g
- パルメザンチーズ … 20g
- 塩・こしょう … 各少々

① 大葉は洗って水気をきる。

② にんにくは皮をむいて薄切りにする。

③ 松の実を乾煎りする。

④ フードプロセッサーに①、②と残りの材料をすべて入れ、滑らかになるまで混ぜ合わせる。

⑤ 煮沸消毒した保存容器に入れる。

Recipe 1 保存食

保存期間
[冷蔵] 約2週間
[冷凍] 約3か月間

point

フードプロセッサーを使えばとても簡単。
まんべんなく混ざって、滑らかになれば
できあがり！

香るソースで食欲増進

大葉ジェノベーゼのオレキエッテ 温泉たまご添え

材料（2人分）
オレキエッテ…160g
大葉ジェノベーゼ（P10参照）…大さじ2
塩・こしょう…各少々
温泉たまご…2個
パルメザンチーズ…適量

① 鍋にたっぷりの湯を沸かす。湯1ℓに対し10gの塩（分量外）を入れる。オレキエッテを入れて好みの固さにゆでる。

② ボウルにゆであがったオレキエッテ、大葉ジェノベーゼを入れてよく混ぜる。塩、こしょうで味を調える。

③ 器に盛り、温泉たまごを乗せ、パルメザンチーズを散らす。

point

パスタをゆでるときは、湯1ℓに対し10gの塩を入れる。

12

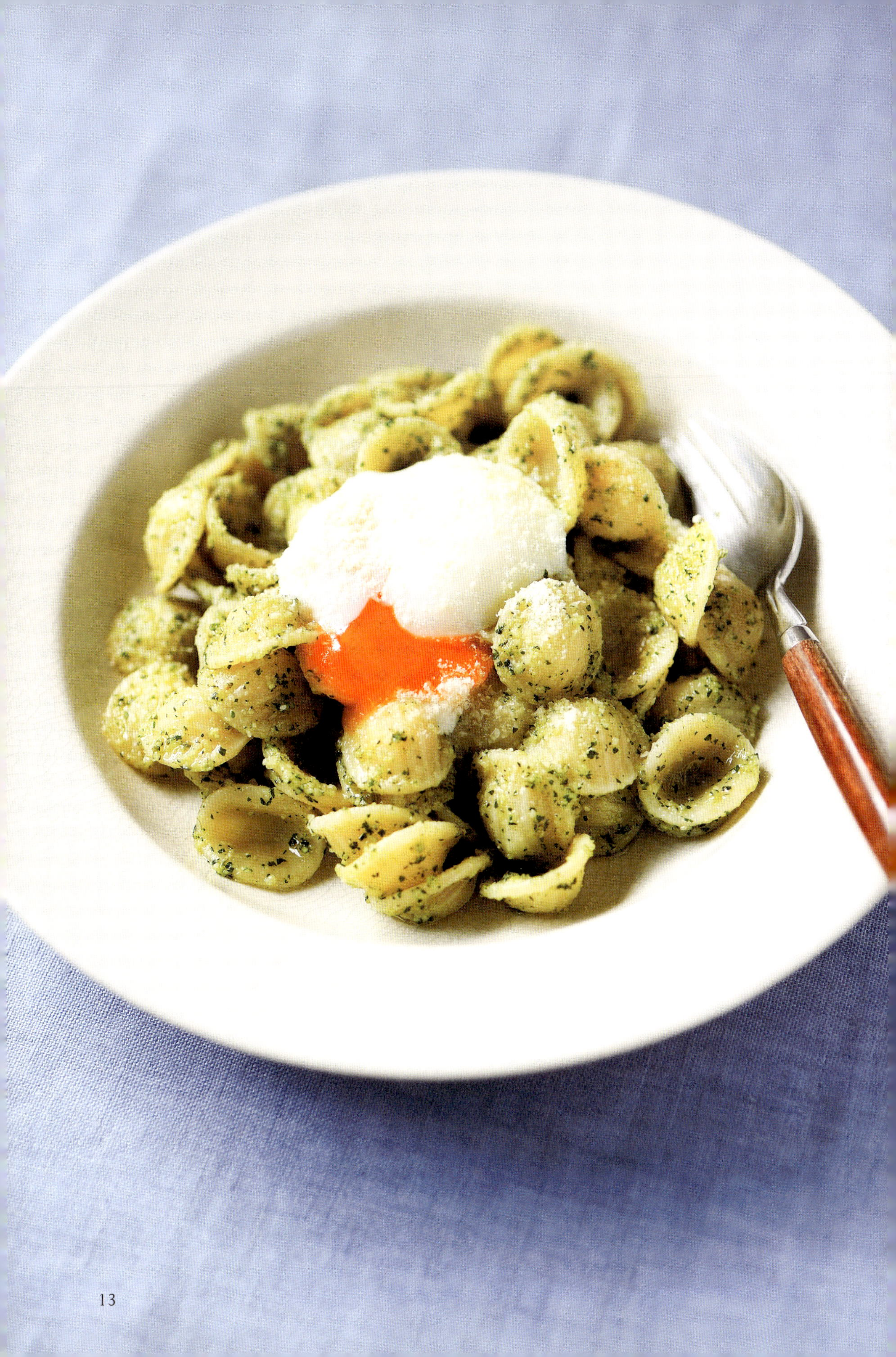

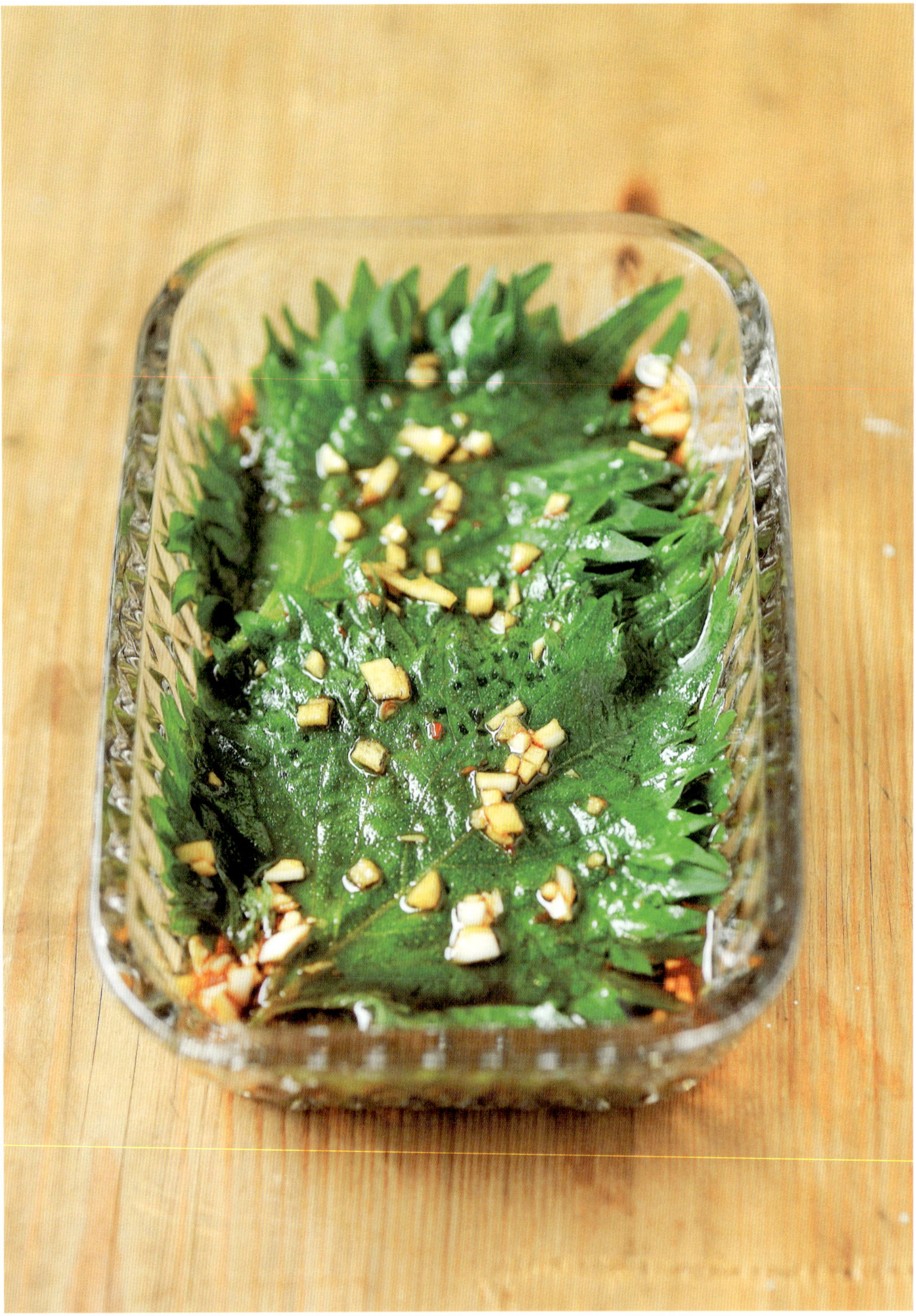

大葉のピリ辛オイル漬け

ピリッとした辛さが食欲をそそる

保存期間
[冷蔵]
約3週間

材料（作りやすい分量）
大葉…20枚
A ┌ にんにく…1片
　├ しょうゆ…大さじ3
　└ 豆板醤…小さじ1/2
ごま油…大さじ1

① 大葉はよく洗い、キッチンペーパーで水気をふき取る。

② にんにくはみじん切りにする。Aの材料を混ぜ合わせる。辛味を強くしたい時は豆板醤を好みで増やす。

③ 煮沸消毒した保存容器に大葉を少しずつずらしながら重ね、Aを回しかける。

④ 冷蔵庫に入れ、1日置いたら食べ頃。

Recipe 1　保存食

point

キッチンペーパーの上に洗った大葉を数枚並べ、もう1枚のペーパーを重ねてやさしく水気をふき取る。

arrange
大葉のピリ辛オイル漬けを使ったレシピ
♪ 韓国風大葉おにぎり ➡ 38ページへ

大葉のオリーブ油漬け

爽やかな風味とちょうどいい塩気にご飯がすすむ

保存期間
[常温]
約2週間

材料（作りやすい分量）
大葉 … 20枚
塩 … 適量
オリーブ油 … 大さじ3

① 大葉は洗い、キッチンペーパーで水気をふき取る。

② 煮沸消毒した保存容器に大葉を2枚入れ、塩をふる。同じように繰り返してすべての大葉を入れる。

③ オリーブ油を回しかける。

しその実のしょうゆ漬け

ご飯のお供にぴったり

材料（作りやすい分量）
しその実（軸を除く）…40g
塩…小さじ1
赤唐辛子…1本
しょうゆ…1/2カップ

① しその実は軸の端をもってしごき、実だけを漬ける。

② ①に塩をまぶす。鍋に湯をわかし、1分ゆでてザルにあげる。粗熱がとれたらキッチンペーパーで水気をふき取る。

③ 赤唐辛子は種を取り除き、輪切りにする。

④ 煮沸消毒した保存容器に②、③、しょうゆを入れる。蓋をして密閉して冷蔵庫で保存する。

Recipe 1　保存食

保存期間
[冷蔵]
約1か月半

大葉こしょう

肉料理をさっぱり仕上げてくれる

材料（作りやすい分量）
大葉 … 30枚
青唐辛子 … 20g
塩 … 小さじ1/2

① 大葉は洗って、キッチンペーパーで水気をふき取っておく。
② 青唐辛子はヘタを取り、種を取り出す。
③ フードプロセッサーに①、②、塩を入れてペースト状になるまで混ぜる。
④ 煮沸消毒した保存容器に入れる。

point 
青唐辛子は縦半分に切ってスプーンなどで種をかき出す。種をとらないと口当たりが悪くなる。

保存期間
［冷蔵］
約1か月間

arrange
大葉こしょうを使ったレシピ
・大葉ご飯の肉巻きおにぎり
 ➡ 38ページへ

大葉にんにくしょうゆ

爽やかな大葉と、にんにくの香りが絶妙

材料（作りやすい分量）
大葉 … 20枚
にんにく … 2片
しょうゆ … 適量

① 大葉は洗って水気をきっておく。

② にんにくは皮をむき、薄切りにする。

③ 煮沸消毒した保存容器に①、②を入れ、しょうゆをかぶるくらい入れてふたをする。

arrange
大葉にんにくしょうゆを使ったレシピ
- 焼きじゃがいもの大葉サンド
  → 32ページへ

保存期間
［冷蔵］
約3週間

Recipe 1　保存食

大葉のディップソース

豆腐と大葉で作るさっぱりソース

材料（作りやすい分量）
絹豆腐 … 1/2丁
大葉 … 20枚
A
　オリーブ油 … 大さじ1
　塩・こしょう … 各少々
　クミンシード … 小さじ2

① 絹豆腐はクッキングペーパーで包んで20分置き、水切りをする。

② フードプロセッサーに①、Aを加えて混ぜる。

③ 滑らかになったらクミンシードを混ぜ、器に盛る。

---

arrange

大葉のディップソースを使ったレシピ

- 大葉クロスティーニ ➡ 22ページへ
- 大葉とハムのリエット風　トースト添え
　➡ 57ページへ

大葉の柑橘ソース

つぶつぶとした柑橘の食感が楽しい

材料（作りやすい分量）
大葉 … 10枚
オレンジ … 1/2個
ヨーグルト … 100g
マヨネーズ … 100g
A ┌ 塩 … 小さじ1/2
　└ こしょう … 少々

① 大葉は洗って水気をきり、みじん切りにする。
② オレンジは皮と薄皮を取り除き、細かく刻む。
③ ボウルに①、②、Aを入れてよく混ぜたら器に盛る。

Recipe 1　保存食

arrange
大葉の柑橘ソースを使ったレシピ
・カマンベールチーズとサーモンの大葉サンド ➡ 23ページへ

大葉にんにくしょうがソース

大葉唐揚げのソースとしても使える

材料（作りやすい分量）
大葉 … 10枚
にんにく … 1/2片
しょうが … 1/2片
玉ねぎ … 1/4個
A ┌ 酢 … 大さじ2
　│ しょうゆ … 大さじ2
　│ みりん … 大さじ2
　└ ごま油 … 小さじ1

① 大葉は洗って水気をきり、みじん切りにする。
② にんにく、しょうが、玉ねぎはみじん切りにする。
③ ボウルに①、②、Aを入れてよく混ぜる。
④ 煮沸消毒した保存容器に入れる。

arrange
大葉にんにくしょうがソースを使ったレシピ
・カツオと大葉のカルパッチョ ➡ 23ページへ

大葉クロスティーニ

ディップソースでおしゃれに

材料（2人分）
大葉 … 4枚
バゲット … 4切れ分
大葉のディップソース（P20参照）… 大さじ1
スモークサーモン … 4枚
オリーブ油 … 小さじ2
花穂じそ … 2本

① 大葉は洗って水気をきり、せん切りにする。

② バゲットは1cmの厚さに切り、オリーブ油を塗る。表面の半分くらいに大葉のディップソースをこんもりと塗る。

③ スモークサーモンは一口大に切る。

④ ②の上に③を盛り、①を乗せる。花穂じそを飾る。

カマンベールチーズとサーモンの大葉サンド

大葉の香りと風味を最大限に生かしたレシピ

材料（2人分）
大葉 … 8枚
カマンベールチーズ … 1/2個
スモークサーモン … 4切れ
大葉の柑橘ソース（P21参照）… 適量

① 大葉は洗って水気をきる。
② カマンベールチーズは4等分に切る。
③ 器に大葉、カマンベールチーズ、スモークサーモンを並べ、大葉の柑橘ソースを添える。
④ 大葉でカマンベールチーズ、スモークサーモンを巻いて、大葉の柑橘ソースを乗せていただく。

Recipe 1　保存食

カツオと大葉のカルパッチョ

たっぷりの薬味でさっぱり

材料（2人分）
大葉 … 10枚
カツオ（刺身用）… 1/2柵（約200g）
みょうが … 1個
パプリカ（黄色）… 1/8個
玉ねぎ … 1/4個
大葉にんにくしょうがソース（P21参照）… 適量

① カツオを一口大に切る。
② 大葉3枚、みょうが、パプリカはせん切りにする。玉ねぎは薄いくし形切りにする。すべて混ぜ合わせておく。
③ 皿に残りの大葉を丸く広げて置き、①を並べる。中央に②を盛り、大葉にんにくしょうがソースを回しかける。

大葉ふりかけ

時間がたつほど、味が馴染み美味しくなる保存食

保存期間
［冷蔵］約1週間
［冷凍］約2か月間

材料（作りやすい分量）
大葉…30枚
ちりめんじゃこ…大さじ3強
水…大さじ4
みりん…大さじ1
塩…小さじ1/2

※大葉は使い忘れて残ったものなどでもOK。10枚くらいでもできる。

① 大葉は縦3等分に切ったものを5mm幅の細切りにする。

② フライパンに①、水、みりん、塩を入れ、中火で乾煎りする。

③ 大葉の水分がなくなったら、ちりめんじゃこを加えて2〜3分炒める。平皿などに広げて粗熱を取る。

arrange
大葉ふりかけを使ったレシピ
- 大葉ふりかけのおにぎり ➡ 39ページへ

ご飯がどんどん進む
大葉とひじきのふりかけ

Recipe 1 保存食

保存期間
[冷蔵]
約1週間

材料（作りやすい分量）
- ひじき（乾燥）… 20g
- 大葉 … 20枚
- A
  - ごま油 … 小さじ2
  - しょうゆ … 大さじ2
  - 酒 … 大さじ1
  - 砂糖 … 大さじ1/2
  - かつお節 … 5g
- 白ごま … 大さじ1

作り方
① ひじきはたっぷりの水で戻し、水気をきっておく。

② 大葉は洗って水気をきる。縦半分に切ってからせん切りにする。

③ フライパンに①とAを入れ、水分がなくなるまで炒める。

④ 最後に大葉、白ごまを加えてひと混ぜする。皿などに広げて冷ましてから煮沸消毒した保存容器に入れる。

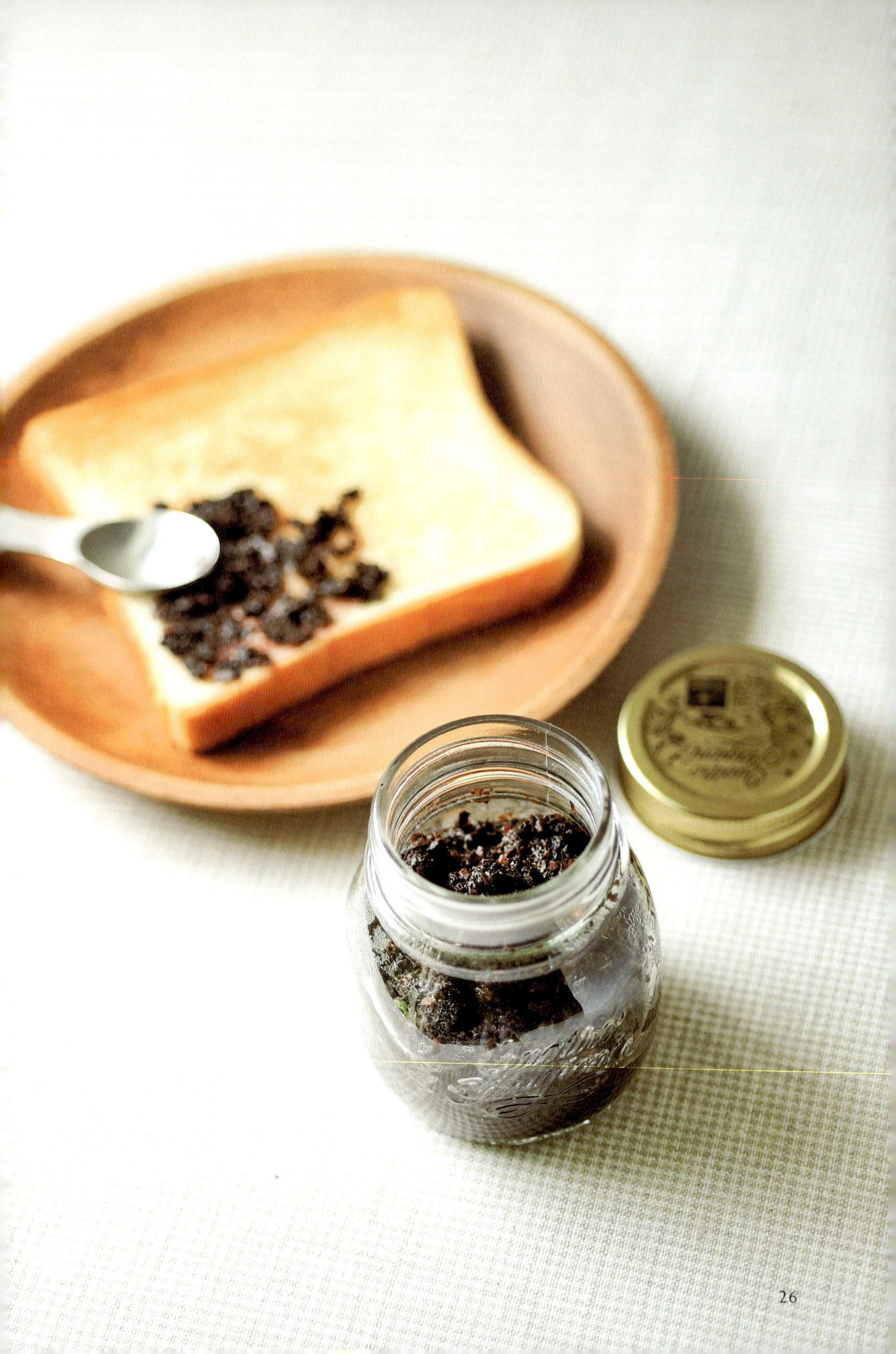

赤じそジャム

パンはもちろんヨーグルトにも

保存期間
[冷蔵]
約2週間

材料（作りやすい分量）
赤じそジュースを絞ったあとの葉 … 200g
砂糖 … 80g
レモン汁 … 大さじ2

① 赤じそジュースを絞ったあとの葉をフードプロセッサーで細かくする。

② 鍋に①、砂糖、レモン汁を入れて煮る。

③ 粗熱がとれたら、煮沸消毒した保存容器に入れる。

Recipe 1 保存食

point

焦がさないように混ぜながら、水分がなくなってとろりとするまで煮詰める。

大葉酒

健康維持にも役立つお酒

材料（作りやすい分量）
大葉…200g
氷砂糖…300g
ホワイトリカー…1.8ℓ

① 大葉は洗って水気をきっておく。
② 煮沸消毒した保存ビンに、①、氷砂糖、ホワイトリカーを入れてふたをする。
③ 3週間たったら大葉を取り出す。さらに約2か月寝かせたら完成。

赤じそジュース

見た目も楽しい さわやかドリンク

保存期間
[常温]
約6か月間

材料（2人分）
赤じその葉…200g
水…1000ml
砂糖…200g
リンゴ酢…1ℓ

① 鍋に分量の水を入れて沸騰させ、赤じその葉を入れて強火にかける。煮立ったら中火で4〜5分ゆでて、お湯の色が黄色になったら赤じそを取り出す。

② ①に砂糖を入れ、火を止めてからリンゴ酢を加える。

③ 煮沸消毒した保存ビンに入れ、常温で保存する。約6か月ほど保存可能。

④ 2〜3倍の水で薄めていただく。

COLUMN 1

爽やかな香りと風味が引き立つ！

大葉の正しい保存方法・刻み方

大葉がたくさん手に入ったら、上手に保存して使い切りましょう。
大葉特有の香りを最大限に楽しめる刻み方も覚えましょう。

大葉の正しい保存方法

① 水を入れたボウルと、煮沸消毒かキッチン用アルコールで拭いた保存ビンを用意します。

② 茎の部分をボウルの水の中に入れて、ハサミで少しだけカットします。

③ 保存ビンに水を少し入れ、②で切った茎の部分が水につかるように入れます。

④ 蓋をして密閉し、冷蔵庫へ入れます。1週間に2〜3度水を替え、約1か月保存できます。

大葉の正しい刻み方

① 指先で茎の部分を持ちます。このとき葉の裏側を持たないように注意！

② 縦にハサミを入れてカットします。

③ 横にハサミを入れてカットします。

NG！ 葉の裏側を触ると香り成分がつまった腺鱗をつぶしてしまい、香りが飛んでしまいます。

Part ②

大葉を使った
和食

和食との相性ピッタリの大葉。
普段の料理にプラスして、
心地よい香りを楽しんでみて。

焼きじゃがいもの大葉サンド

酒の肴にもごはんのおかずにも

材料（2人分）
じゃがいも…大1個
サラダ油…小さじ2
大葉にんにくしょうゆの大葉（P19参照）…8枚
花穂じそ…適宜

① じゃがいもは皮をむいて、10枚の輪切りにする。

② フライパンにサラダ油をひき、①の両面を焼く。

③ 大葉にんにくしょうゆの大葉、じゃがいもの順にミルフィーユ状に重ねて、器に盛る。花穂じそを散らす。

point

じゃがいもは薄切りにしたものを、少し色づくくらいまで両面を焼く。

33

イワシの大葉焼き

爽やかな大葉の風味がイワシの味を引き立てる

材料 (2人分)
大葉 … 10枚
イワシ (開いたもの) … 4尾
スライスチーズ … 2枚
練り梅 … 適量
塩 … 少々
かぼす … 1/2個

① 大葉は洗って水気をきり、2枚はせん切りにしておく。スライスチーズは半分に切る。かぼすはくし形に切る。

② イワシの皮側に塩をふる。内側に練り梅を塗り、スライスチーズ、大葉2枚を乗せ、頭のほうからしっかり巻いて、つまようじで留める。

③ オーブンの天板にクッキングシートを敷き、②を並べて200℃で20分焼く。器に盛ってせん切りの大葉を飾り、かぼすを添える。

アボカドの大葉巻き

にんにくの風味が食欲をそそる

材料（2人分）
大葉…8枚
大葉にんにくしょうゆ
（P19参照）…大さじ1
アボカド…1個
かいわれ大根…適量

1. 大葉にんにくしょうゆに大葉を10分ほど漬けておく。
2. アボカドは8等分に切る。かいわれ大根は根元を切っておく。
3. アボカド4つを①の大葉で巻く。残りの4つはかいわれ大根と一緒に①の大葉で巻く。

Recipe 2 和食

大葉肉じゃが

いつもの味に爽やかな香りをプラス

材料（2人分）
大葉…5枚
牛肉（薄切り）…150g
じゃがいも…3個
玉ねぎ…1/2個
にんじん…1/2本
サラダ油…大さじ1
だし汁…2カップ
酒…大さじ3
砂糖…大さじ2
みりん…大さじ2
しょうゆ…大さじ3

1. 大葉はせん切りにする。牛肉は一口大に切る。
2. じゃがいもは皮をむいて4つ切りにし、水にさらしておく。玉ねぎは薄切り、にんじんは乱切りにする。
3. 鍋にサラダ油を熱し、牛肉の色が変わるまで炒める。玉ねぎとじゃがいも、にんじんを加えて炒め合わせる。
4. だし汁、酒、砂糖を加えて中火で10分煮る。
5. みりん、しょうゆを加えてアクをとり、落としぶたをして汁気がなくなるまで煮る。器に盛り、せん切りの大葉を飾る。

大葉いなり

寿司飯がいっそう爽やかに

材料（2人分）
油揚げ…3枚
寿司飯…300g
大葉…10枚

A
- だし汁…150ml
- しょうゆ…大さじ1・1/2
- みりん…大さじ1
- 砂糖…大さじ3

① 油揚げは熱湯でさっとゆでて油抜きをし、水気をきって半分に切る。

② 鍋にAと①を入れ、弱火で汁気がなくなるまで煮る。

③ 大葉は粗みじんに切って寿司飯に混ぜ、6つの俵型をつくる。

④ 油揚げの汁気を絞り、③を詰める。口から寿司飯が見えるように口の部分の油揚げを中に折り込んで形を整える。

大葉とツナの油揚げ巻き

大葉のさっぱり感が美味しい鉄板おつまみ

材料（2人分）
大葉…10枚
油揚げ…2枚
長ねぎ…5cm
ツナ缶…1缶
しょうゆ…適量

① 油揚げの長い辺を1か所残し、それ以外の周りを切り開く。

② 長ねぎはみじん切りにしてツナと混ぜ、しょうゆで調味する。

③ 開いた油揚げの上に大葉を乗せ、さらに②を乗せて端から巻く。巻き終わりをつまようじで留める。

④ フライパンを熱し、③を転がしながら焼く。3等分に切って大葉を敷いた器に盛る。

大葉ご飯の肉巻きおにぎり

口いっぱいに広がる大葉の風味

材料（1人分）
- 大葉 … 2枚
- ご飯 … 100g
- 大葉こしょう（P18参照）… 少々
- 牛肉（薄切り）… 50g
- 焼肉のタレ … 適量
- サラダ油 … 小さじ1

1. 大葉は洗って水気をきり、縦半分に切ってからせん切りにする。
2. ご飯に①、大葉こしょうを混ぜて、俵型のおにぎりをつくる。
3. 牛肉は焼肉のタレをかけて下味をつける。
4. フライパンにサラダ油を熱し③を焼き、②を包む。

韓国風大葉おにぎり

ピリ辛味で食が進む

材料（1個分）
- 大葉のピリ辛オイル漬け（P14参照）… 4枚
- ご飯 … 100g
- 塩 … 少々

1. ご飯に塩を混ぜ、三角おにぎりをつくる。
2. 大葉のピリ辛オイル漬けを周りにぐるりと巻く。

大葉ふりかけのおにぎり

大葉がたくさん食べられるのが嬉しい

材料（1個分）
大葉ふりかけ（P24参照）…大さじ1
ご飯…100g
大葉塩漬け（P66参照）…2枚

1. ご飯に大葉ふりかけを混ぜ、おにぎりをつくる。
2. 表面に大葉塩漬けをはる。

大葉のみそ風味おにぎり

みその甘みが大葉の爽やかさを引き立てる

材料（1個分）
しその実のしょうゆ漬け（P17参照）…小さじ2
ご飯…100g
みそ…適量

1. ご飯にしその実のしょうゆ漬けを混ぜて、おにぎりをつくる。
2. 両面にみそを塗り、フッ素樹脂加工のフライパンで両面を焼く。

大葉入り唐揚げ

簡単なアレンジが味を劇的に変える

材料（2人分）
鶏肉 … 1枚
大葉 … 20枚
A ┌ 大葉にんにくしょうゆ（P19参照）… 大さじ1
　├ みりん … 大さじ1/2
B ┌ 小麦粉 … 1/2カップ
　├ 片栗粉 … 大さじ2
　└ 水 … 70㎖
揚げ油 … 適量
花穂じそ … 2本

① 鶏肉は一口大に切り、Aと混ぜて下味をつける。

② 大葉はざく切りにする。

③ ボウルに②とBを入れて混ぜ合わせ、衣をつくる。

④ 鶏肉に大葉をからめるようにして衣をつけ、揚げ油で色よく揚げ、器に盛り花穂じそを飾る。

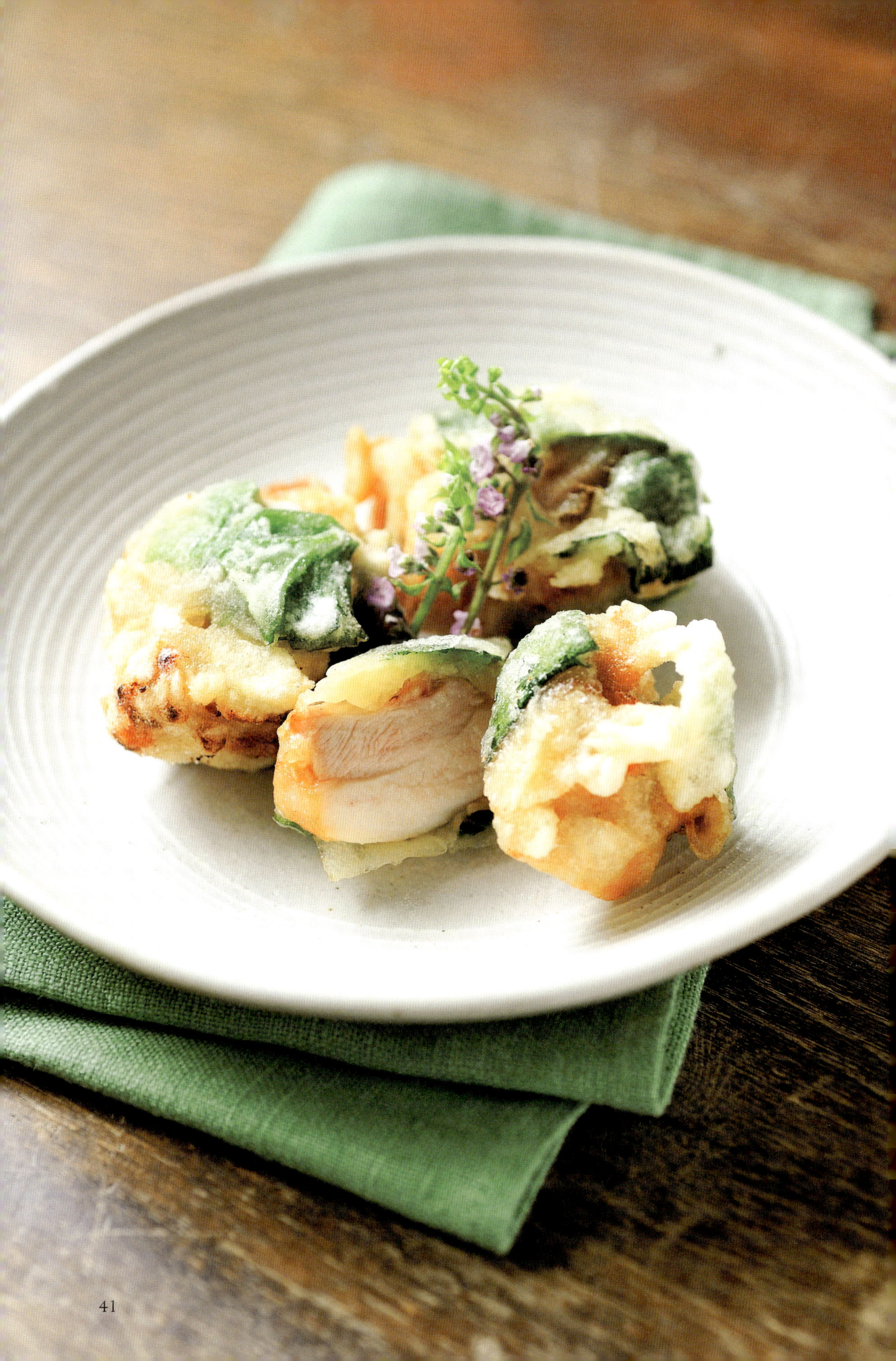

さっぱりタルタルが病みつきに

照り焼きカジキ丼 大葉タルタルソース

材料（2人分）
- カジキマグロ … 2切れ
- 小麦粉 … 適量
- サラダ油 … 大さじ1
- A
  - しょうゆ … 大さじ1
  - 酒 … 大さじ1
  - みりん … 大さじ1
  - 砂糖 … 小さじ1

大葉タルタルソース
- 大葉 … 8枚
- ゆで卵 … 1個
- マヨネーズ … 大さじ2
- 塩・こしょう … 各少々
- ご飯 … 茶碗2杯分
- 大葉 … 2枚

① タルタルソース用の大葉はみじん切りにする。

② ゆで卵は細かく刻んでボウルに入れる。①、マヨネーズ、塩、こしょうを加えて混ぜる。

③ カジキマグロを4等分し、小麦粉をまぶす。フライパンにサラダ油を熱し、両面を色よく焼く。Aを加えて全体に絡める。

④ 器にご飯を盛って大葉を1枚敷き、カジキマグロを汁ごと乗せる。上から大葉タルタルソースをかける。

大葉の香り鶏つみれ

大葉はたっぷり入れて

材料（2人分）
大葉…16枚
鶏ひき肉…200g
しいたけ…2枚
玉ねぎ…1/4個
サラダ油…小さじ1
パン粉…1/4カップ
卵…1個
酒…大さじ1/2
みそ…20g
揚げ油…適量
花穂じそ…適宜

① 大葉10枚、しいたけ、玉ねぎはみじん切りにする。

② フライパンにサラダ油を熱し、玉ねぎを透き通るまで炒める。

③ ボウルに鶏ひき肉、大葉、②、パン粉、卵、酒、みそを入れてよく混ぜる。8等分して丸くする。

④ 揚げ油を熱し、③を中火で色よく揚げる。器に大葉を3枚ずつ敷き、盛りつける。花穂じそを飾る。

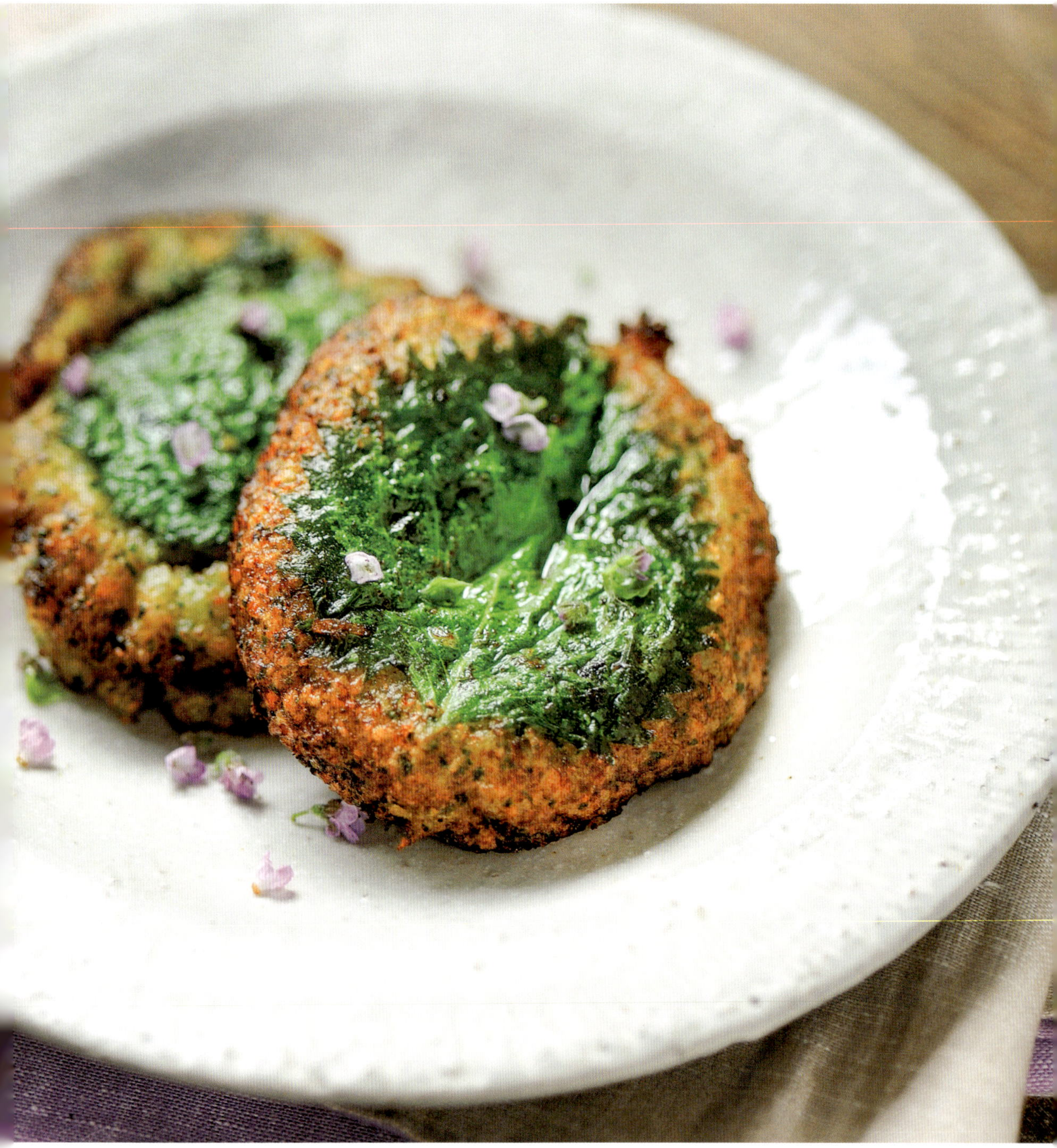

大葉とエビのさつま揚げ

エビの風味と大葉の独特の香りがぴったりのアイディアレシピ

材料（2人分）
大葉 … 20枚
揚げ油 … 適量
花穂じそ … 適宜
むき海老 … 200g
A
├ 卵白 … 1個分
├ 長ねぎ … 30g
├ にんじん … 20g
├ 砂糖 … 小さじ2
├ 片栗粉 … 大さじ3
├ 塩 … 少々
└ しょうゆ … 小さじ1

① 大葉12枚はざく切りにする。

② Aと①すべてをフードプロセッサーにかける。

③ ②を4等分し、楕円形に平たくのばして、残しておいた大葉をさつま揚げの片面につける。

④ 170℃に熱した揚げ油で揚げ、器に盛り、花穂じそを散らす。

Recipe 2 和食

ささみの大葉揚げ

サクサク感が美味しさのポイント

材料（2人分）
大葉…40枚
鶏ささみ…2本
小麦粉…適量
卵白…1個分

A ┌ 酒…小さじ1
　└ 白しょうゆ…小さじ1

揚げ油…適量
レモン（くし形切り）…1/4個
大葉塩 ┌ 大葉…1枚
　　　 └ 塩…適量

① 鶏ささみは筋を取り、一口大に切ってAで下味をつける。

② 大葉をせん切りにしてバラバラにほぐしておき、小麦粉少量をふってまぶす。

③ ①に小麦粉をつけ、泡立てた卵白にくぐらせてから、②の大葉をしっかりとつける。

④ 160℃の揚げ油でゆっくりと揚げ、油をきって皿に盛り、レモンを添える。

⑤ 大葉塩の大葉をみじん切りにして塩と混ぜ、④に添える。

Point
大葉はほぐして広げ、小麦粉は茶こしなどでふると、大葉が固まらず細かくつけられる。

47

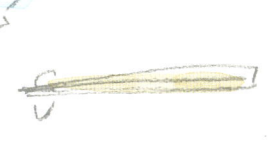

おつまみにも、おやつにも

大葉のみりん干し巻き

材料（2人分）
大葉…3枚
みりん干し…6尾

① 大葉は縦半分に切る。

② みりん干しはさっと焼き、大葉を巻いて器に盛る。

大葉の肉みそ巻き

東北地方の郷土料理を簡単にアレンジ

材料（2人分）
大葉 … 適量
牛ひき肉 … 100g
サラダ油 … 小さじ1
A
┌ 赤みそ … 50g
│ 砂糖 … 35g
│ みりん … 小さじ2
└ 酒 … 大さじ2

① 大葉は洗い、キッチンペーパーで水気をふき取る。

② 小鍋にサラダ油を熱し、牛ひき肉を入れて中火で炒める。

③ 火が通ったらAを加え、弱火にして木べらで練り、ツヤが出たら火を止める。

④ 粗熱がとれたら器に盛る。大葉で巻きながらいただく。

COLUMN 2

古くから親しまれている料理に挑戦！
大葉を使った郷土料理

千葉県の房総半島で昔から食べられている郷土料理を紹介します。
新鮮なアジから溢れる美味しい脂と、さっぱりとした大葉の風味がマッチした料理です。

recipe
千葉県の漁師めし
大葉のさんが焼き

材料（2〜3人分）
アジ（刺身用3枚おろし）… 2尾
酒 … 小さじ2
しょうが … 1片
小ねぎ … 2本
みそ … 大さじ3
大葉 … 10枚
レモン（くし形切り）… 1/2個分
サラダ油 … 適量

① アジはさっと水洗いして水気をふき取り、小骨を取り除いてから細切りにして、酒をからめる。

② しょうがは薄切り、小ねぎは小口切りにする。

③ まな板に①、しょうが、みそを乗せて、包丁で粘りが出るまで混ぜながらたたく。小ねぎを加えてさらに混ぜたら10等分に分けて薄い半月形にして大葉で挟む。

④ フライパンにサラダ油を熱し、中火で③を焼く。両面に焼き色がついたら器に盛り、レモンを添える。

Part 3

大葉を使った
洋食

和食のイメージが強い大葉ですが、
程よい香りが洋風の料理も
美味しく仕上げてくれます。

彩り鮮やかなサラダ

大葉のキャロットラペ

材料（2人分）
大葉…6枚
にんじん…1/2本
オレンジ…1/2個
A ┌ オリーブ油…大さじ1
　├ 塩…少々
　└ レモン汁…適量

① 大葉は洗って水気をきり、せん切りにする。にんじんもせん切りにする。

② オレンジは皮と薄皮を取り除く。

③ ボウルに①、②を入れ、Aと和えて器に盛る。

大葉とアボカドのサラダ

マヨネーズと大葉も合う！

材料（2人分）
大葉 … 6枚
アボカド … 1個
ミニトマト … 4個
A ┌ マヨネーズ … 大さじ1
　├ 白しょうゆ … 小さじ1
　├ レモン汁 … 小さじ2
　└ 塩・こしょう … 各少々

① 大葉は洗って水気をきり、せん切りにする。飾り用に少し取り分けておく。
② アボカドは皮と種を除き、角切りにする。ミニトマトは半分に切る。
③ ボウルにアボカドを入れ、①とAで和えて器に盛る。飾り用の①とミニトマトを飾る。

Recipe 3

洋食

大葉とトマトのクスクスサラダ

クスクスの食感が楽しい

材料（2人分）
熱湯 … 1カップ強
コンソメ（顆粒）… 小さじ1/2
クスクス … 1カップ
ウインナーソーセージ … 3本
ミニトマト … 4個
玉ねぎ … 1/4個
塩 … 少々
A ┌ 酢 … 小さじ2
　└ オリーブ油 … 大さじ1
大葉 … 4枚
レモン … 1/4個

① 鍋に湯を沸かしてコンソメを入れて溶かす。ウインナーソーセージをゆでて取り出し、1cm位に切る。
② 火を止めた①のスープにクスクスを入れて戻す。粗熱をとり、Aとソーセージを加えて混ぜる。
③ ミニトマトは4等分に切る。玉ねぎは薄いくし形切りにして塩でもみ、水気を絞る。
④ ②に③を入れてよく混ぜ、器に盛る。大葉をちぎって散らし、くし形に切ったレモンを添える。

53

大葉とベーコンのリゾット

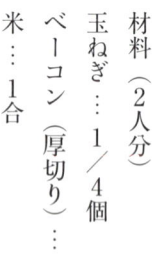

濃厚リゾットに絶妙にあう味と香り

材料（2人分）
玉ねぎ … 1/4個
ベーコン（厚切り）… 80g
米 … 1合
オリーブ油 … 大さじ1
A
　白ワイン … 大さじ2
　コンソメ（顆粒）… 大さじ1
水 … 2カップ
生クリーム … 50ml
パルメザンチーズ … 大さじ1
塩・こしょう … 各少々
大葉 … 6枚

① 玉ねぎはみじん切りにする。ベーコンは1cm幅に切る。

② フライパンにオリーブ油を熱し、玉ねぎを軟らかくなるまで炒めたら米を加えて炒め合わせる。

③ 米が透き通ったら、A、ベーコンを加え、水の半量を入れて煮る。水分がなくなったら残りの水、生クリームを加え、米に芯が残るくらいの固さまで煮る。

④ パルメザンチーズ、塩、こしょうで調味する。皿に盛り、小さめにちぎった大葉を散らす。

point

水は2回に分けて加える。全体に水分がなくなり、米の中心に少し芯が残るくらいの固さ（アルデンテ）で火を止める。

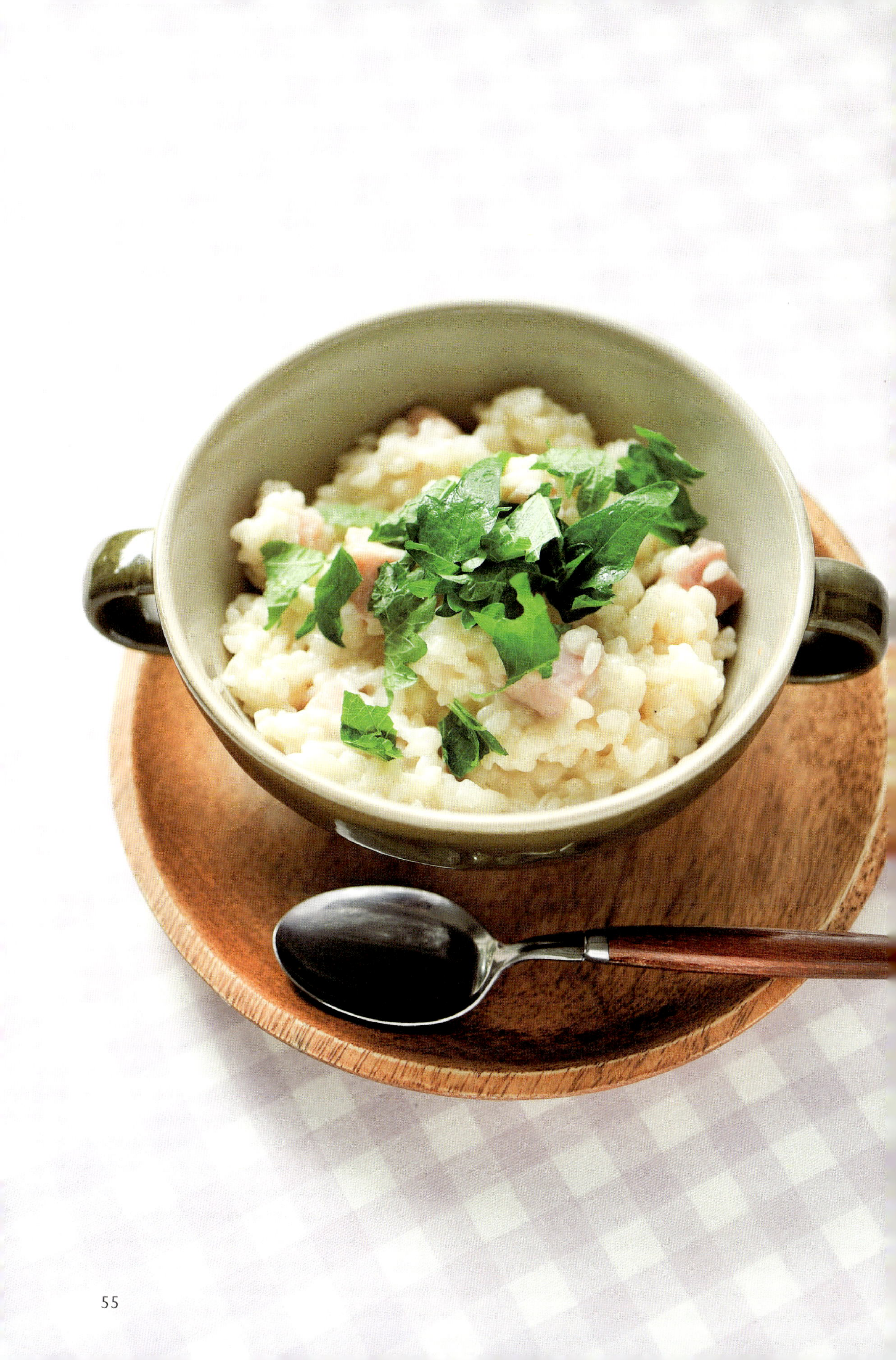

ホタテのポワレ 大葉のクリームソース

ホタテの旨味と大葉の香りが程よくマッチ

材料（2人分）

- ホタテ貝柱 … 6個
- 塩・こしょう … 各少々
- 小麦粉 … 適量
- オリーブ油 … 大さじ1
- 生クリーム … 大さじ2
- 大葉ジェノベーゼ（P10参照）… 小さじ1
- パセリ … 適量

作り方

① ホタテ貝柱は塩、こしょうで下味をつけ、薄く小麦粉をまぶす。パセリはみじん切りにしておく。

② フライパンにオリーブ油を熱し、①を入れて両面をこんがり焼いて皿に盛る。

③ ②のフライパンに生クリーム、大葉ジェノベーゼを入れて煮詰め、塩、こしょうで味を調え②に回しかけてパセリを散らす。

フレンチスタイルなおしゃれおやつ

大葉とハムのリエット風 トースト添え

材料（2人分）
ハム…2枚
大葉のディップソース（P20参照）…大さじ4
サンドイッチ用食パン…2枚

① ハムはみじん切りにする。
② 大葉のディップソースに①を混ぜて器に盛る。
③ サンドイッチ用食パンは3等分に切り、トーストして②に添える。

大葉のブルスケッタ

ハーブのように大葉をのせて

材料（2人分）
バゲット…4枚
にんにく…少々
大葉…2枚
エリンギ…小1本
ベーコン…1枚
ミニトマト…2個
塩・こしょう…各少々
オリーブ油…小さじ3

① バゲットにオリーブ油小さじ2を塗り、こんがり焦げ目がつくくらいに焼く。

② ①ににんにくの切り口をすり込むように塗る。大葉はちぎっておく。エリンギは薄切り、ベーコンは1cm幅に切る。ミニトマトは4等分にする。

③ フライパンにオリーブ油小さじ1を熱し、エリンギとベーコンを炒め、塩、こしょうで味を調える。

④ バゲットに③とミニトマトを乗せ、大葉を散らす。

大葉とチーズのホットサンド

一口ごとに爽やかな大葉の香りがふわり

材料（2人分）

- オリーブ油…小さじ4
- 食パン（8枚切り）…4枚
- 大葉…12枚
- スライスチーズ（溶けるタイプ）…2枚
- 卵…2個
- ロースハム…2枚
- 塩・こしょう…各少々

① 卵を溶き、塩、こしょうを加えて混ぜる。フライパンにオリーブ油小さじ2を熱し、卵焼きを作る。

② 食パンの片面に残りのオリーブ油を塗っておく。オリーブ油を塗った面に大葉を3枚並べる。その上に①、スライスチーズ、ロースハムを重ねたら再度大葉3枚を並べ、食パンを重ねる。

③ ホットサンドメーカーに入れて焼き、半分に切って器に盛る。同様にもう一つ作る。

大葉のスパニッシュオムレツ

大葉はざく切りにして鮮やかな緑で見た目を演出

材料（直径18cm1個分）
- 大葉 … 10枚
- 玉ねぎ … 1個
- パプリカ（赤・黄） … 各1/2個
- しめじ … 100g
- じゃがいも … 大1個
- 卵 … 4個
- A
  - コンソメ（顆粒） … 小さじ2
  - 粉チーズ … 大さじ2
  - 牛乳 … 大さじ2
  - 塩・こしょう … 各少々
- オリーブ油 … 大さじ1

作り方
① 大葉はざく切り、玉ねぎとパプリカは1cm角に切る。しめじは石づきを除き、長さを半分に切ってほぐす。

② じゃがいもは1cm角に切り、600Wの電子レンジで2分加熱する。

③ ボウルに卵を割りほぐし、Aを入れて混ぜる。

④ フライパンにオリーブ油を熱し、玉ねぎ、パプリカ、しめじを炒める。②、③、大葉を加えて混ぜ、全体が半熟状態になるまで中火で焼く。

簡単、おしゃれなフィンガーフード

クリームチーズとエビのピンチョス

材料（2人分）
クリームチーズ … 適量
ゆでエビ … 4尾
スタッフドオリーブ … 4個
大葉 … 4枚

① クリームチーズは1cm角の拍子木切りにして大葉を巻く。
② ゆでエビは頭と殻を取り除く。
③ スタッフドオリーブ、②、①の順にピックに刺して、立てて皿に盛る。

Recipe 3 洋食

⑤ ④を弱火にし、ふたをして2〜3分蒸し焼きにする。裏返して中火で全体を色よく焼く。

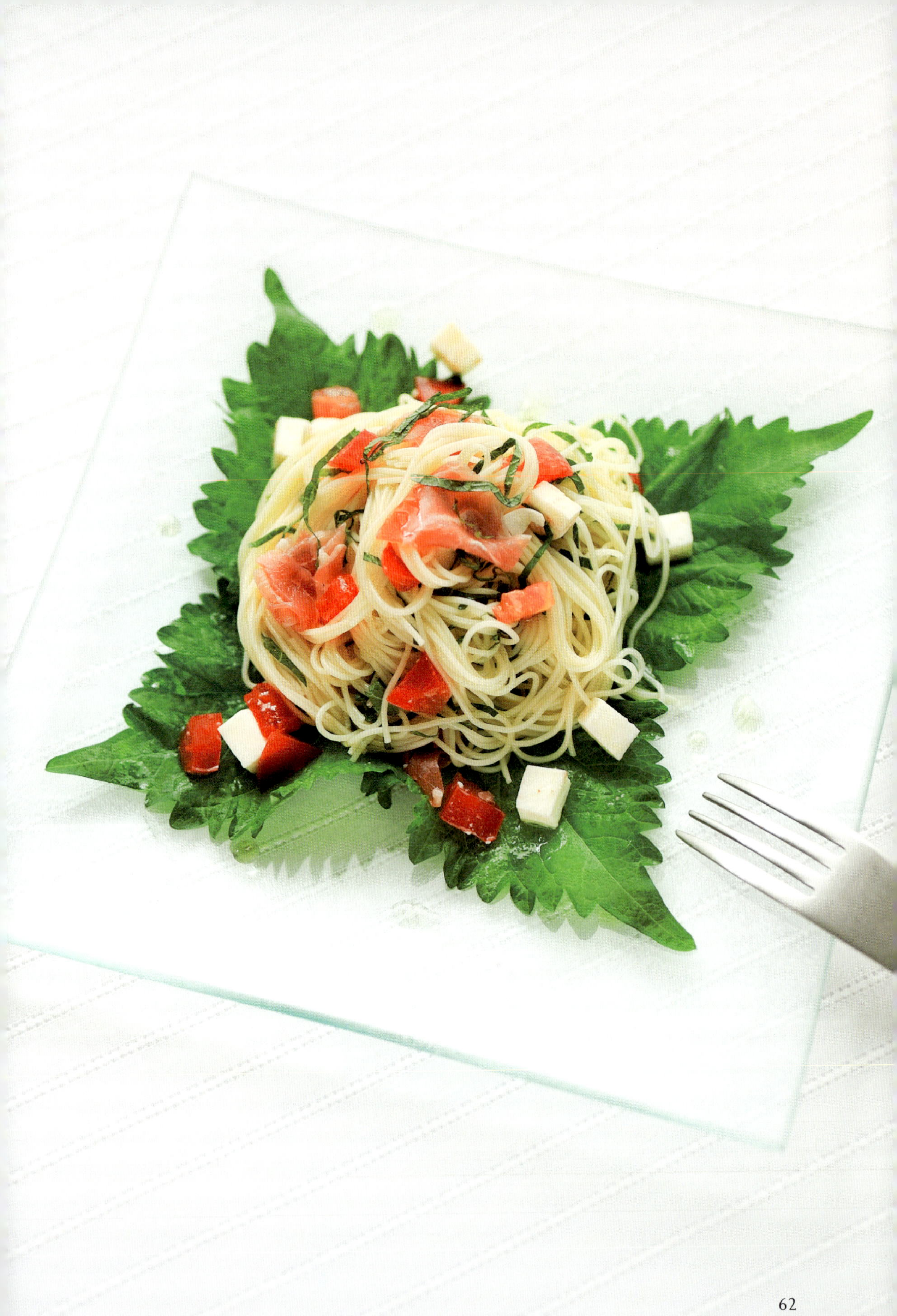

大葉と生ハムと モッツァレラの冷製パスタ

せん切りにした大葉がパスタに絡み爽やかな香りに

材料（2人分）
パスタ（カッペリーニ）…160g
大葉…20枚
生ハム…4枚
モッツァレラチーズ…1/2個
トマト…150g

A ┃ オリーブ油…大さじ2
　 ┃ レモン汁…大さじ2
　 ┃ 塩・こしょう…各少々

① パスタは1ℓの水に10gの塩（分量外）を入れて沸騰させた湯で好みの固さにゆで、冷水にとって水気をきる。

② 大葉は12枚をせん切りにする。生ハムは一口大に、モッツァレラチーズとトマトは1cmの角切りにする。

③ ボウルにAを入れて混ぜ、①と②を入れて混ぜる。皿に大葉を4枚ずつ敷き、パスタを盛る。

Recipe 3　洋食

ちょっと大人な ハンバーグ
大葉のハンバーグ

材料（2人分）
- 大葉 … 10枚
- 合いびき肉 … 200g
- にんじん … 1/4本
- 玉ねぎ … 1/2個
- 卵 … 1/2個
- パン粉 … 1/4カップ
- 牛乳 … 大さじ2
- スライスチーズ（溶けるタイプ） … 2枚
- 塩・こしょう … 各少々
- ナツメグ … 少々
- サラダ油 … 小さじ3
- ケチャップ … 大さじ2
- ソース … 大さじ2
- 好みの付け合わせ … 適宜

① 大葉はせん切り、にんじん、玉ねぎはみじん切りにする。

② フライパンにサラダ油小さじ1を熱し、にんじんと玉ねぎを炒める。ボウルに移して粗熱をとっておく。

③ パン粉に牛乳を入れて湿らせたら②に入れる。スライスチーズを半分に折り、大葉で挟んだものを2つ作る。

④ ②のボウルに合いびき肉、卵、①の大葉、塩、こしょう、ナツメグをいれてよくこね、2つに分ける。中心にチーズと大葉を挟んで形を整える。

⑤ フライパンにサラダ油小さじ2を熱し、④を両面焼く。器に盛り、ケチャップとソースを混ぜ合わせたソースをかける。好みで付け合わせを添える。

魚介の大葉入りターメリックスープ

大葉の香りが新鮮な一皿

Recipe 3 洋食

材料（2人分）
- エビ（大）… 6尾
- タイ … 2切れ
- ハマグリ（砂抜きしたもの）… 6個
- 玉ねぎ … 1/2個
- セロリ … 30g
- にんにく … 1片
- オリーブ油 … 大さじ1
- A
  - ターメリック … 小さじ1/2
  - 白ワイン … 1/2カップ
  - ローリエ … 1枚
  - コンソメ（顆粒）… 小さじ1
- 塩・こしょう … 各少々
- 大葉 … 6枚

作り方
① エビは殻、背ワタを取り除く。タイは半分に切る。玉ねぎは薄いくし形切り、セロリは斜め薄切り、にんにくはみじん切りにする。

② 鍋にオリーブ油とにんにくを入れて弱火にかけ、香りが出たら玉ねぎ、セロリをしんなりするまで炒める。

③ Aを②に加え、沸騰したらエビ、タイ、ハマグリを加えてアクを取りながら煮込む。塩、こしょうで味を調える。

④ 器に盛り、大葉をちぎって散らす。

Point
アクはこまめに取る。コクが加わり、味にまとまりがでる。

COLUMN 3

さっぱりした風味と塩気が相性ぴったり
大葉と塩の保存食

相性ぴったりな塩と大葉の保存食を紹介します。
普段の料理にちょっと加えるだけで、心地よい風味が楽しめます。

recipe
漬けるアレンジ
大葉塩漬け

材料（作りやすい分量）

大葉 … 20枚

塩 … 適量

① 大葉は洗い、水気をふき取る。

② 清潔な保存容器の底に塩をふり、その上に①を並べて塩をふる。これを繰り返す。

※常温で3週間保存可能。

recipe
揚げ物にぴったりのさっぱり塩
大葉塩

材料（作りやすい分量）

大葉 … 1枚

塩 … 小さじ2

① 大葉はみじん切りにする。

② ①と塩を混ぜる。

※冷蔵で2か月間保存可能。

Part ④

大葉を使った
おやつと飲みもの

独特の香りがおやつ、飲みものにぴったり。
大葉が甘味をちょうどよく緩和してくれます。

大葉スムージー

すっきり爽やか！朝におすすめ

材料（2人分）
大葉 … 20枚
バナナ … 1本
豆乳 … 200ml

① 大葉は洗い、キッチンペーパーで水気をふき取る。
② ミキサーに①、バナナ、豆乳を入れて攪拌し、器にそそぐ。

大葉スコーン

赤じそジャムをつけてもおいしい

材料（8個分）
- 大葉 … 15枚
- 薄力粉 … 250g
- ベーキングパウダー … 小さじ2
- バター … 50g
- A
  - 牛乳 … 100ml
  - 卵黄 … 1個分
  - 砂糖 … 60g

① 大葉は洗って水気をふき取り、みじん切りにする。

② 薄力粉、ベーキングパウダー、バターをボウルに入れ、バターが米粒状になるように手でほぐしながら混ぜる。

③ 別の大きめのボウルにAを入れ、砂糖が溶けるまで混ぜる。①、②を加えてさらにヘラで混ぜる。

④ 台の上に薄力粉（分量外）を振り、③を2cm位の厚さに伸ばす。直径5cm位の丸型で型抜きし、190℃のオーブンで約10分焼く。

簡単ですぐできる和のおやつ

大葉わらびもち

材料（2人分）
大葉…20枚
砂糖…大さじ3
水…300ml
片栗粉…60g
きな粉…大さじ2

① 大葉、砂糖大さじ2、水100mlをミキサーに入れてよく混ぜ、滑らかにする。

② 鍋に片栗粉、水200ml、①を入れて中火にかけ、木べらで混ぜながら練る。

③ かたまりになったら火からはずし、スプーンで一口大にすくって氷水に入れ、冷やし固める。

④ きな粉と砂糖大さじ1を混ぜておく。③を器に盛り、きな粉をかける。

point

固まり始めると急に固くなってくる。木べらでまんべんなく混ぜて、焦げないように注意。

70

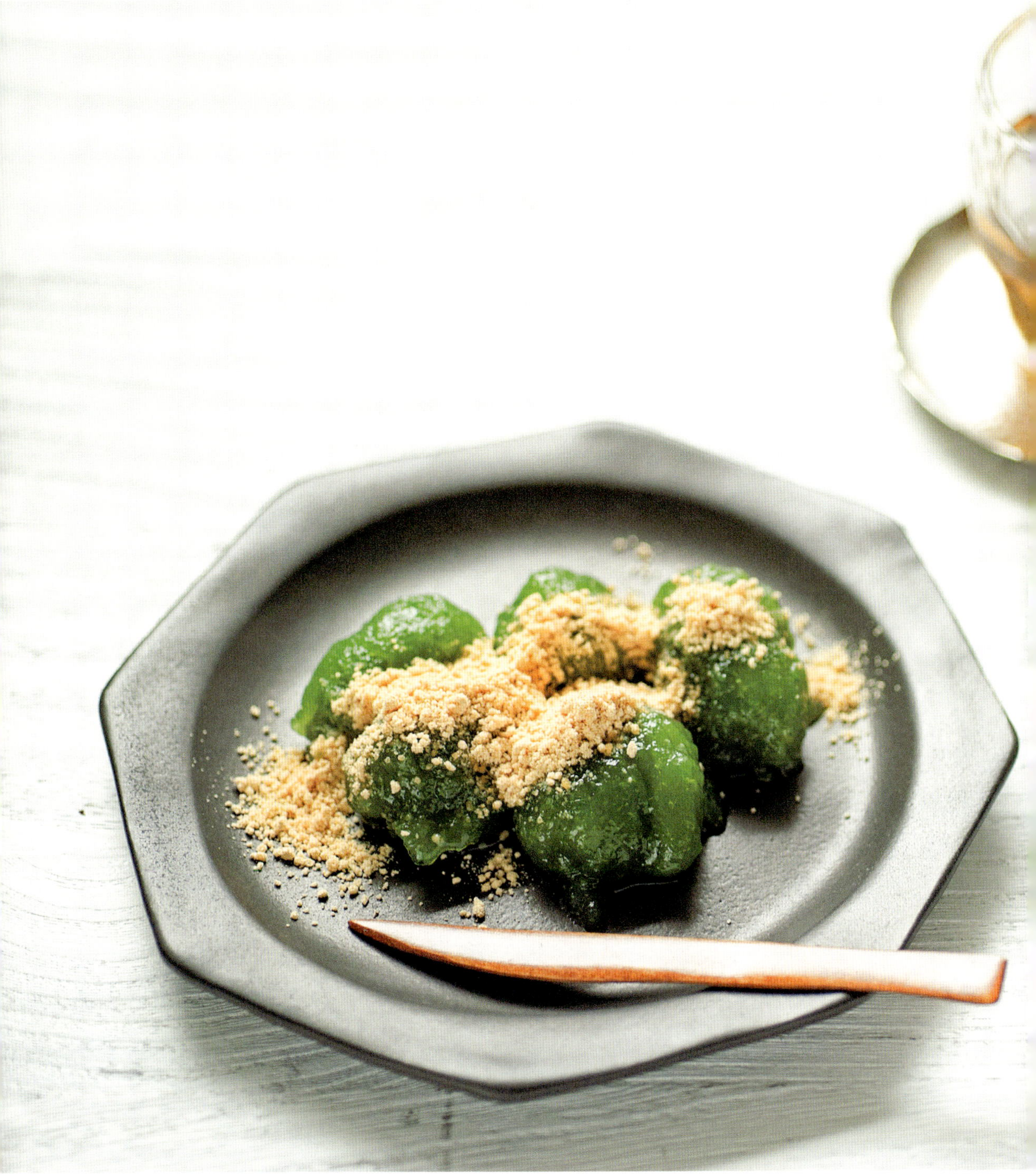

大葉クラッシュゼリー

大葉の爽やかさが引き立つ

材料（2人分）
大葉 … 10枚
粉ゼラチン … 5g
水 … 50ml
砂糖 … 大さじ1
はちみつ … 大さじ2
レモン汁 … 大さじ1
サイダー … 200ml
レモンの皮 … 適宜

① 大葉は洗ってキッチンペーパーで水気をふき取る。みじん切りにする。

② 大きめの耐熱容器に粉ゼラチンと水を入れて混ぜ、600Wの電子レンジで1分加熱する。熱いうちに砂糖、はちみつを入れ、混ぜて溶かす。

③ ②にレモン汁とサイダーを少しずつ注ぎ、温度が下がったら全量を注いで①を加え、軽く混ぜ、冷やし固める。

④ 固まったら、崩しながら器に盛る。レモンの皮をすりおろして飾る。

ポリ袋ひとつでできる 大葉ヨーグルトジェラート

材料（2人分）
大葉…10枚
バナナ…1本
ヨーグルト（加糖）…100g

① 大葉は洗って水気をふき取り、みじん切りにする。
② ポリ袋にバナナを入れて、手でよくつぶす。
③ ②に①とヨーグルトを入れてよく混ぜ、ポリ袋の口を閉めて冷凍庫で約1時間凍らせる。
④ ポリ袋の端を切り、器に絞り出す。

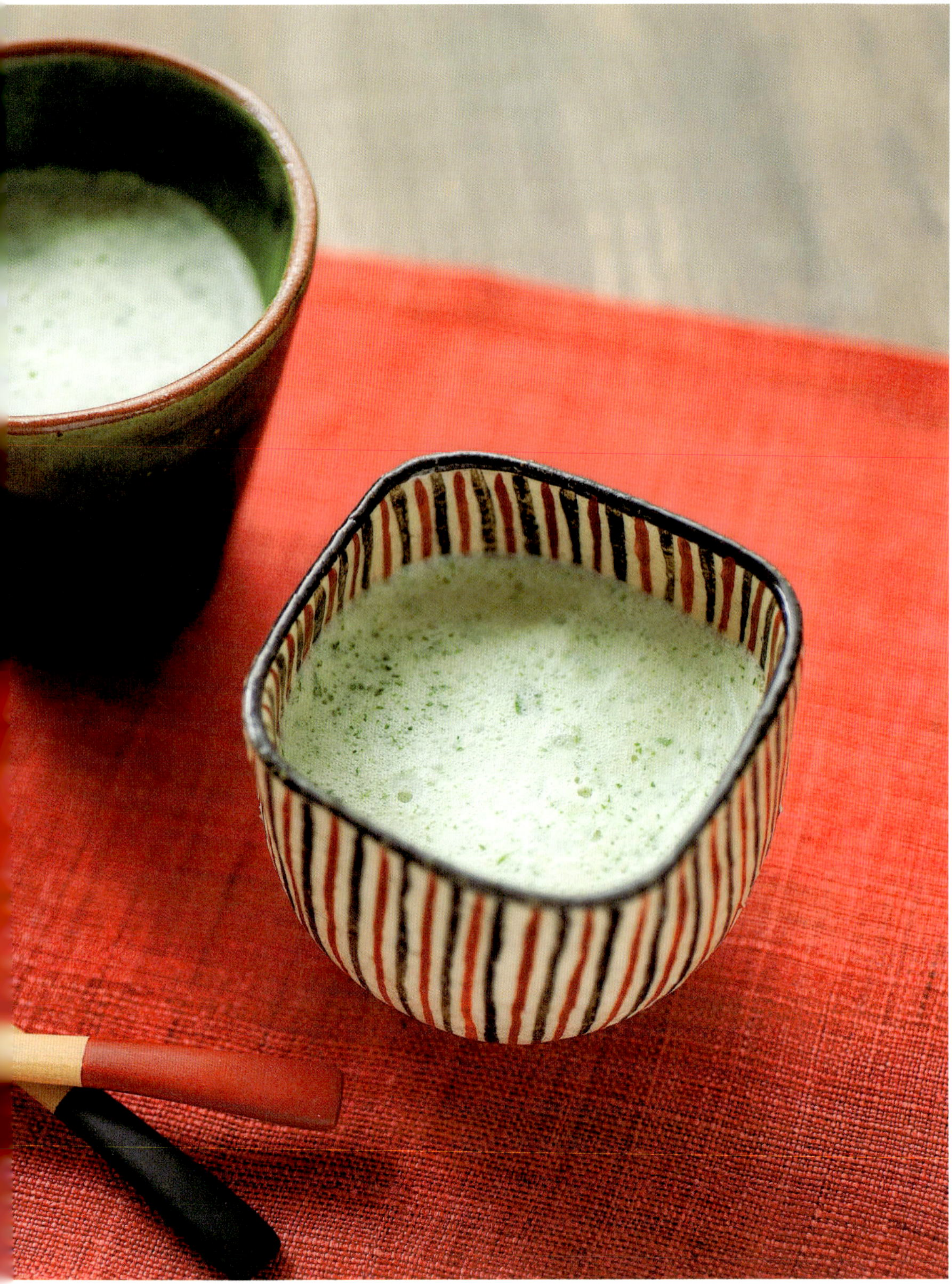

甘いのにすっきり！

大葉ムース

材料（2人分）

大葉 … 15枚
粉ゼラチン … 5g
水 … 50ml
砂糖 … 30g
牛乳 … 100ml
生クリーム … 100ml
レモン汁 … 小さじ1

Recipe 4

① 大葉は洗ってキッチンペーパーで水気をふき取る。

② 大きめの耐熱容器に粉ゼラチンと水を入れて混ぜ、600Wの電子レンジで1分加熱する。熱いうちに砂糖を入れて溶かす。

③ ミキサーに大葉、牛乳を入れて攪拌する。大葉が細かくなったら生クリーム、レモン汁、②を入れてさらに攪拌し、器に流し入れて冷やし固める。

赤じそのレアチーズケーキ

大葉と赤じそのダブル使い

材料（直径18cmの丸型）
- グラハムクラッカー … 100g
- 無塩バター … 50g
- ドライ大葉（P83参照）… 10枚
- クリームチーズ … 200g
- 砂糖 … 60g
- A
  - ヨーグルト（無糖）… 100g
  - 生クリーム … 200ml
- B
  - 粉ゼラチン … 10g
  - 赤じそジュース（P29参照）… 100ml
- レモン汁 … 小さじ2
- 赤じそジャム（P26参照・なくても可）… 大さじ2

① グラハムクラッカーをポリ袋に入れて細かく砕く。

② 無塩バターを600Wの電子レンジで1〜2分加熱して溶かし、①に加えて混ぜる。ドライ大葉を細かくして混ぜて、型の底に平らに敷く。

③ 耐熱ボウルにクリームチーズを入れ、電子レンジで2〜3分加熱して軟らかくしてから砂糖を加え、練

Recipe 4 おやつ・飲みもの

大葉シャーベット

混ぜて凍らせるだけ！

材料（2人分）
大葉 … 20枚
水 … 2カップ
砂糖 … 80g
レモン汁 … 小さじ1

① 大葉、水、砂糖をミキサーに入れて撹拌する。
② ①にレモン汁を入れて混ぜる。
③ 容器に注ぎ、冷凍庫に入れる。途中何回か混ぜ、大葉1枚を敷いた器に盛る。

大葉のポテトガレット

身近な材料でできる

材料（2人分）
大葉…10枚
じゃがいも…中1個
粉チーズ…大さじ3
塩・こしょう…各少々
サラダ油…大さじ1/2
花穂じそ…適宜

① 大葉は洗ってキッチンペーパーで水気をふき取り、せん切りにする。
② じゃがいもはせん切りにする。
③ ボウルに①、②、粉チーズ、塩、こしょうを入れて混ぜる。
④ フライパンにサラダ油を熱し、③の半量を入れる。円形に整えながら薄く焼く。同様にもう1枚も焼く。皿に盛り、花穂じそを散らす。

point

大葉、じゃがいも、粉チーズはまんべんなく混ざるようにする。

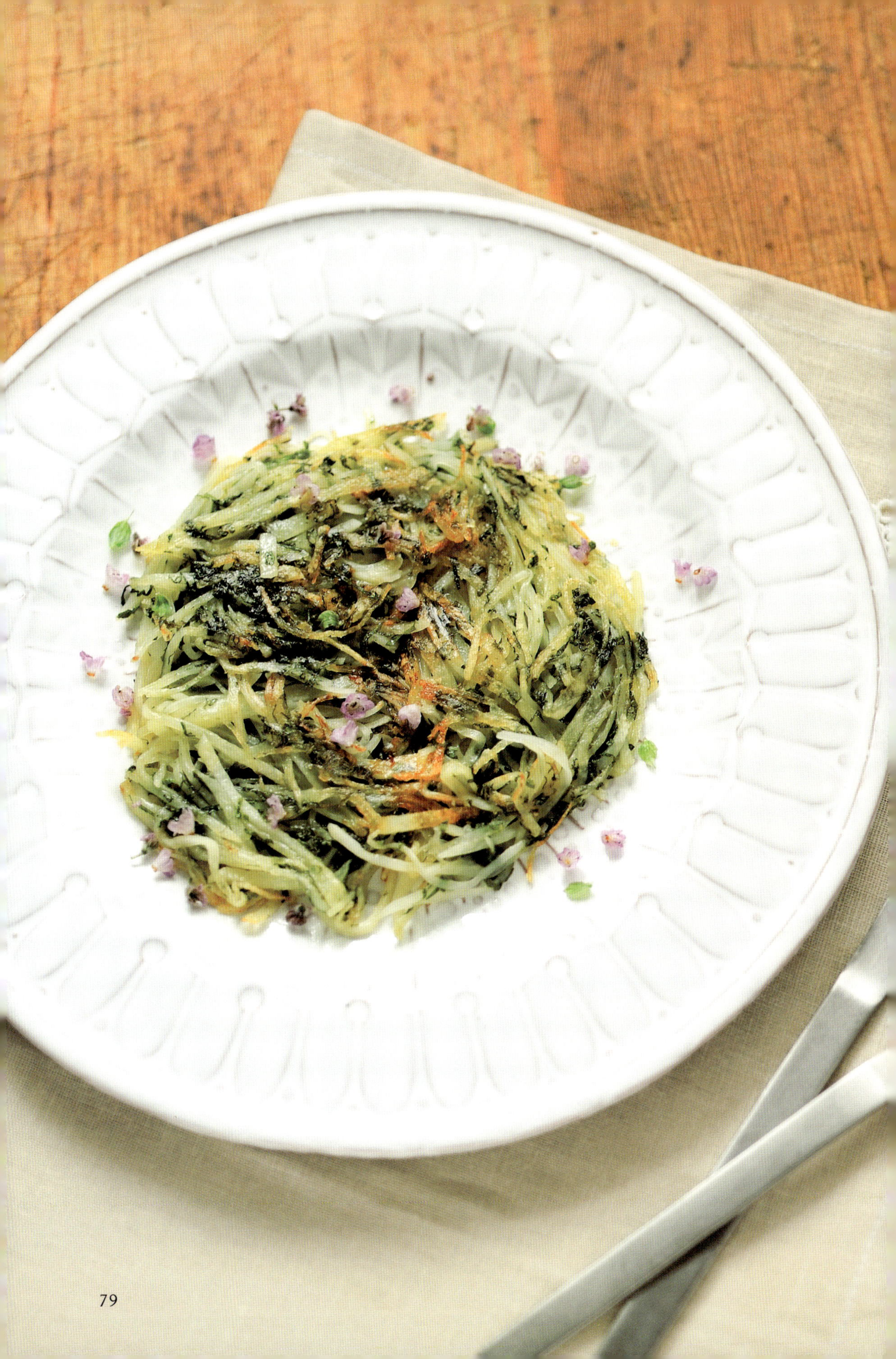

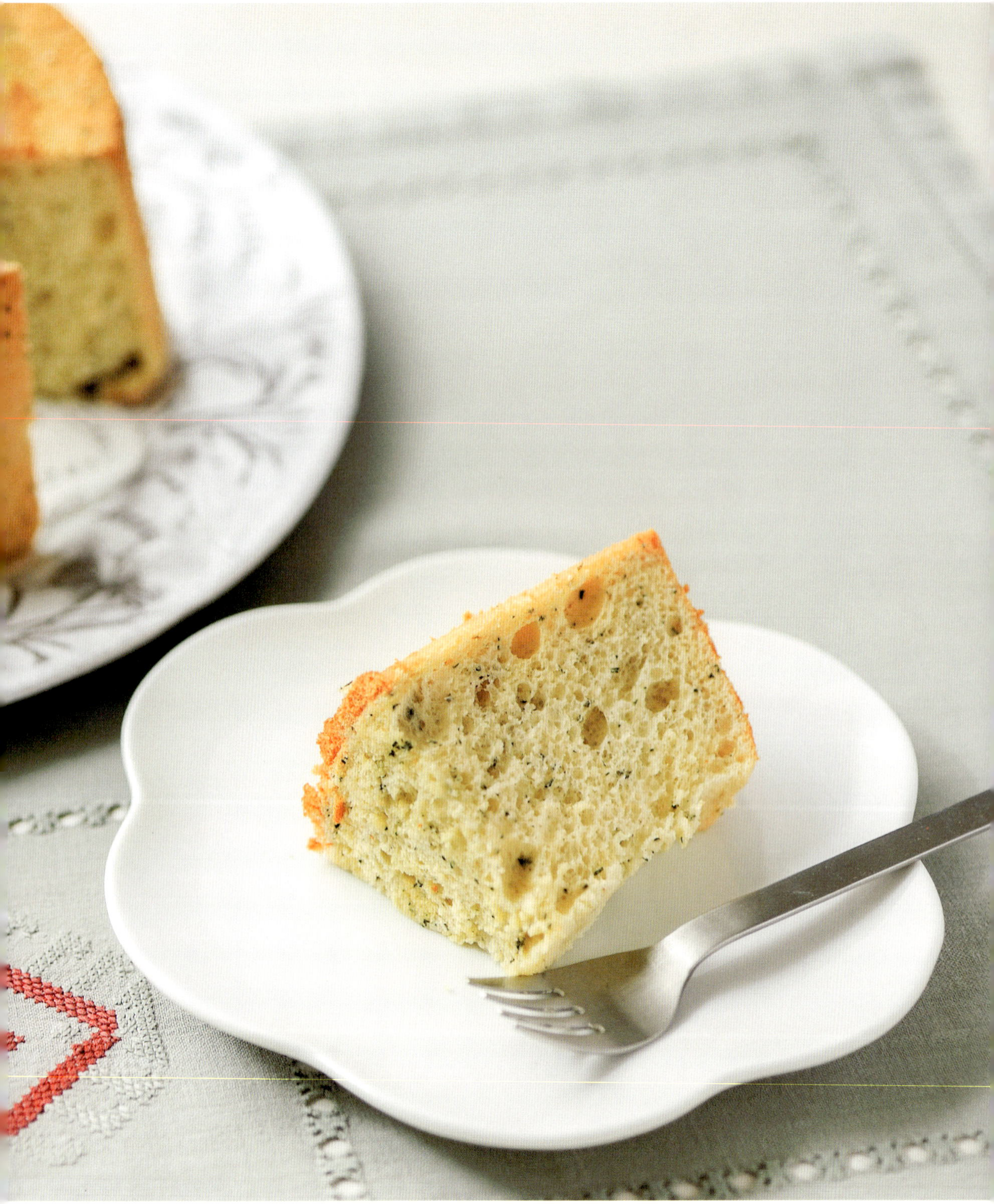

大葉シフォンケーキ

ふわふわ生地に大葉が香る

材料（2人分）

- 大葉…20枚
- 卵…5個
- 砂糖…150g
- サラダ油…80ml
- 牛乳…100ml
- 薄力粉…150g

作り方

① 大葉は洗って水気をふき取り、みじん切りにする。卵は卵白と卵黄に分けておく。

② 卵白に砂糖の半量を入れて、固く泡立てる。

③ 卵黄に残りの砂糖を入れ、白くなるまで混ぜる。

④ ③にサラダ油、牛乳、①の大葉を入れて混ぜ、薄力粉を振り入れる。

⑤ ④に②をすくい入れて混ぜる。型に入れ、空気を抜いて170℃に熱したオーブンで40分焼く。型ごとビンなどに刺して逆さまにして冷ます。

Recipe 4　おやつ・飲みもの

大葉モヒート

夏にぴったりの大人の楽しみ

材料（1杯分）
大葉…10枚
ライム…1/4個
砂糖（シロップ）…小さじ2
クラッシュアイス…適宜
ラム酒（ホワイト）…大さじ2
ソーダ水（無糖）…適宜

① 大葉は洗ってキッチンペーパーで水気をふき取る。

② グラスに①、ライム、砂糖を入れ、ペストルなどでつぶす。

③ クラッシュアイスを入れ、ラム酒を注いで混ぜる。少量のソーダ水を加えて混ぜる。

COLUMN 4

大葉を長期保存できる！
ドライ大葉の作り方とアレンジ

簡単にできるドライ大葉の作り方とアレンジ法を紹介。
長期にわたって大葉の爽やかな風味が楽しめるので、常備しておくととっても便利です。

recipe
爽やかな香りを長い間楽しめる
ドライ大葉

材料
（作りやすい分量）

大葉 … 20枚

① 大葉は洗って水気をふき取る。

② 皿にキッチンペーパーを敷き、大葉を広げ、600Wの電子レンジで3分加熱する。

※常温で3週間保存可能。

recipe
爽やかな香りと辛さが美味しい
大葉七味

材料（作りやすい分量）

ドライ大葉 … 2枚
七味唐辛子 … 大さじ2

① ドライ大葉1枚を両手でもみ、細かくなったら七味唐辛子と混ぜる。

※常温で3週間保存可能。

COLUMN 5

料理のちょっとしたアレンジに便利

大葉を育てる

実は大葉は自分で育てるのも簡単。
一株あると、新鮮な葉を初夏から秋にかけて使うことができます。

半日蔭で育てれば葉がやわらか！

4〜6月頃、園芸店などで種や苗を入手できます。直射日光があたりすぎると葉がかたくなるので注意！ ベランダなどで育てるときは毎日たっぷり水を与えます。

キッチンで育てる

病気にかかりにくい大葉は、屋内でも窓際などの半日蔭で育てられます。キッチンで育てれば、使いたいときにすぐに収穫できて便利。

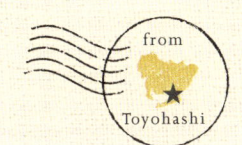

information
生産者便り
from Toyohashi

大葉部会とは？

豊橋温室園芸農業協同組合は、全国に先駆けて大葉の生産をはじめました。現在の大葉生産者は100名超で、栽培面積は118,000坪。国産の大葉のうち愛知県産は55％強で、そのうち豊橋温室大葉のシェアは55％強と生産量も全国一。50年以上の伝統は若い生産者を中心に受け継がれ、栽培研究を熱心に行い、1年を通して安定した品質の大葉を出荷しています。

オススメの加工食品

▶ **紫蘇豊泉（しそほうせん）**

豊橋で生産された大葉のエキスがギュッとつまったジュース。濃縮タイプなので水や焼酎、炭酸水などお好みのもので薄めていただきます。

生産品種

▶ **愛経1号**

平成19年に登録された、青じそで初めての登録新種。高温多湿の時期に多発する斑点病に強く、濃厚な緑と日持ちの良さが特徴。葉の縮れが強めで、ハート型の葉型が美しい品種です。

生産へのこだわり

▶ **イエローランプ**

夜間に活動する害虫・ハスモンヨトウなどの行動を抑え、ハウス内への侵入を減らします。害虫の交尾や産卵を抑制する効果があります。

▶ **マルチ栽培**

大葉の病気・斑点症の原因となる高温多湿状態を避けるため、ハウス内の湿度を抑えています。同時に、斑点病菌が増えるのを抑制します。

▶ **防虫ネット**

ハウスの開口部には防虫ネットを張り、害虫の侵入をブロック。ただし、風通しが悪くなって温度が上昇しすぎないよう注意しています。

大葉部会のあゆみ

第1期 1955年（昭和30年）
石川県から大葉の種を取り寄せ、研究を始める。

第2期 1968年（昭和43年）
生産者38名、役員6名で大葉部会が発足。1970年（昭和45年）の大阪万博を機に京都以西への出荷も始まる。

第3期 1973年（昭和48年）
周年栽培、検査体制の充実、保冷輸送や保冷庫完備など効率化アップ。1975年（昭和50年）には過去最大の売上に。

第4期 1980年（昭和55年）
大葉部会は117名になる。1988年（昭和63年）には業務用、量販店用に50枚パックを導入し、出荷量が伸びる。

第5期 1991年（平成3年）
1992年（平成4年）より、減農薬への取り組みをスタート。1995年（平成7年）には日本農業賞大賞を受賞する。

第6期 1999年（平成11年）
全国のスーパー等でおいしい食べ方を紹介。2001年（平成13年）から鮮度保持フィルムを使用した小袋を導入。

第7期 2003年（平成15年）
生産者全員がエコファーマー認定を受ける。2008年（平成20年）に新品種「愛経1号」が登録され、出荷を開始。

※本書では、豊橋温室園芸組合からレシピ原案提供［P24、P37、P39（大葉の味噌風味おにぎり）、P43、P44-45、P46-47、P59、P64、P66（大葉肉味噌巻き）、P69、P75］、写真データ、食材提供を受けております。

Recipe INDEX

主食

- 大葉ジェノベーゼのオレキエッテ 温泉たまご添え …… 12
- 大葉クロスティーニ …… 22
- 大葉いなり …… 36
- 大葉ご飯の肉巻きおにぎり …… 38
- 韓国風大葉おにぎり …… 38
- 大葉ふりかけのおにぎり …… 39
- 大葉のみそ風味おにぎり …… 39
- 照り焼きカジキ丼 …… 42
- 大葉タルタルソース …… 54
- 大葉とベーコンのリゾット …… 58
- 大葉のブルスケッタ

主菜

- 大葉とチーズのホットサンド …… 59
- 大葉と生ハムとモッツァレラの冷製パスタ …… 62
- カツオと大葉のカルパッチョ …… 23
- イワシの大葉焼き …… 34
- 大葉肉じゃが …… 35
- 大葉とツナの油揚げ巻き …… 37
- 大葉入り唐揚げ …… 40
- 大葉の香り鶏つみれ …… 43
- 大葉とエビのさつま揚げ …… 44
- ささみの大葉揚げ …… 46
- 大葉のさんが焼き …… 50
- ホタテのポワレ 大葉のクリームソース …… 56
- 大葉のスパニッシュオムレツ …… 60
- 大葉のハンバーグ …… 64

副菜

- 大葉のピリ辛オイル漬け …… 14
- 大葉のオリーブ油漬け …… 16
- しその実のしょうゆ漬け …… 17
- カマンベールチーズとサーモンの大葉サンド …… 23
- 大葉ふりかけ …… 24
- 大葉とひじきのふりかけ …… 25
- 焼きじゃがいもの大葉サンド …… 32
- アボカドの大葉巻き …… 35
- 大葉のみりん干し巻き …… 48
- 大葉の肉みそ巻き …… 49

86

おやつ

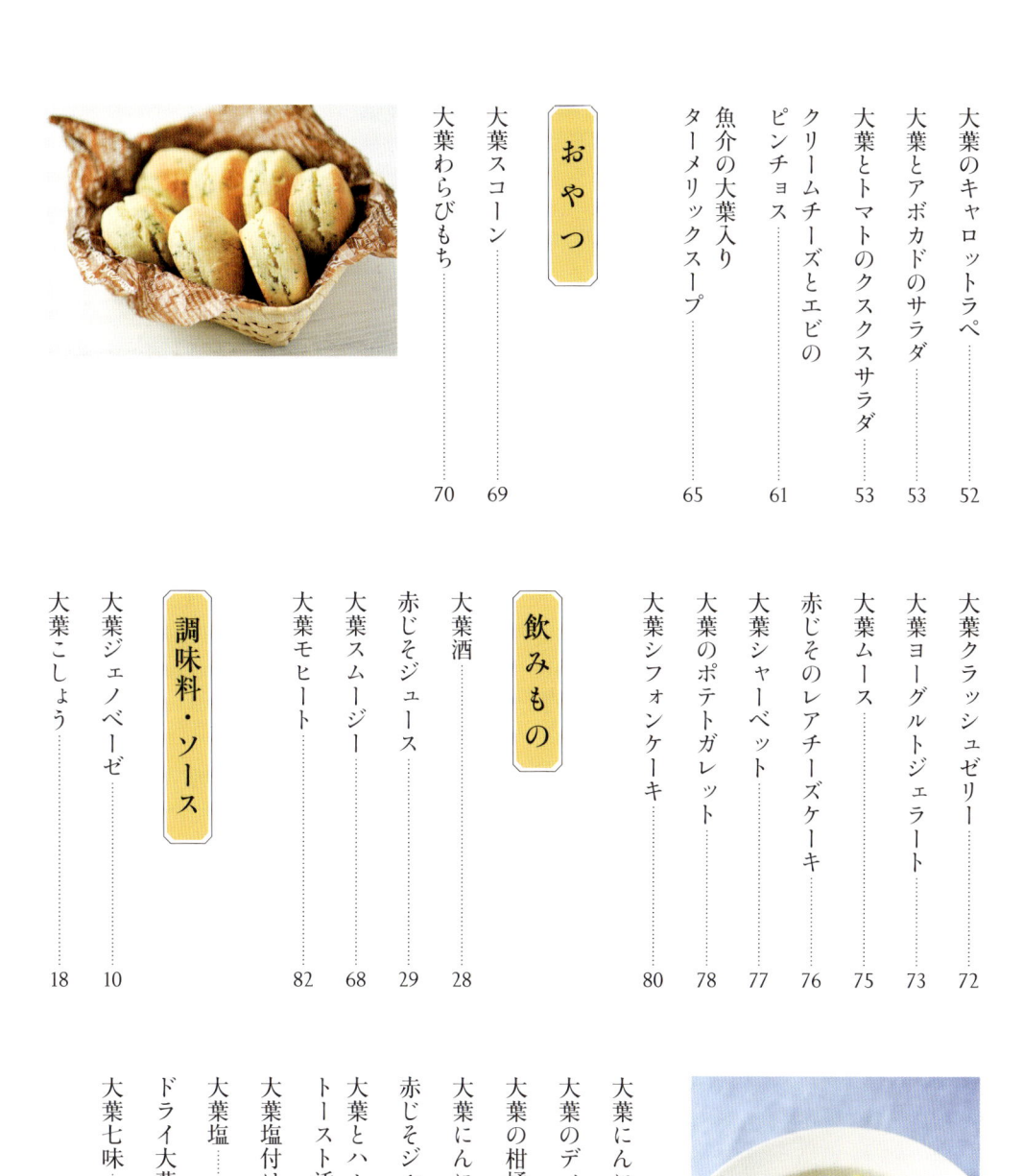

- 大葉のキャロットラペ ……… 52
- 大葉とアボカドのサラダ ……… 53
- 大葉とトマトのクスクスサラダ ……… 53
- クリームチーズとエビのピンチョス ……… 61
- 魚介の大葉入りターメリックスープ ……… 65
- 大葉スコーン ……… 69
- 大葉わらびもち ……… 70

飲みもの

- 大葉クラッシュゼリー ……… 72
- 大葉ヨーグルトジェラート ……… 73
- 大葉ムース ……… 75
- 赤じそのレアチーズケーキ ……… 76
- 大葉シャーベット ……… 77
- 大葉のポテトガレット ……… 78
- 大葉シフォンケーキ ……… 80
- 大葉酒 ……… 28
- 赤じそジュース ……… 29
- 大葉スムージー ……… 68
- 大葉モヒート ……… 82

調味料・ソース

- 大葉ジェノベーゼ ……… 10
- 大葉こしょう ……… 18
- 大葉にんにくしょうゆ ……… 19
- 大葉のディップソース ……… 20
- 大葉の柑橘ソース ……… 21
- 大葉にんにくしょうがソース ……… 21
- 赤じそジャム ……… 26
- 大葉とハムのリエット風 トースト添え ……… 57
- 大葉塩付け ……… 66
- 大葉塩 ……… 66
- ドライ大葉 ……… 83
- 大葉七味 ……… 83

監修　**伊藤美千穂**（いとう　みちほ）

1969年大阪生まれ。1988年京都大学薬学部入学、1996年同博士後期課程中退、京都大学薬学部助手。2002～3年米国ワシントン州立大学生物化学研究所に留学、2003年京都大学大学院薬学研究科助教授、2007年同准教授、現在に至る。2011年日本学術会議第22期連携会員。厚生労働省や医薬品医療機器総合機構などの委員、日本東洋医学会、国際薬学連合など各種学会の委員、評議員等を務める。

若宮寿子（わかみや　ひさこ）

若宮ヘルシークッキングスタジオ主宰・栄養士・米国（NSF）HACCPコーディネーター・FCAJ公認フードコーディネーター。企業での栄養指導、メニュー開発など長年の実績を活かし　健康と美しさをサポートするヘルシー料理を提案。農水省食育レシピの監修やテレビ、雑誌、新聞など通じあらゆる世代に向けて幅広く伝えている。主な著書に『大人の自炊ひとりごはん　ふたりごはん』（泉書房）『体にいい食材の便利帳』（宝島社）他多数。

日東書院

爽やかな香りと風味の
青じそ献立

大葉レシピ

平成26年8月15日　初版第1刷発行

監修　　伊藤美千穂
　　　　若宮寿子

発行人　穂谷竹俊

発行所　株式会社日東書院本社
　　　　〒160-0022
　　　　東京都新宿区新宿2丁目15番14号 辰巳ビル
　　　　TEL：03-5360-7522（代表）
　　　　FAX：03-5360-8951（販売部）
　　　　ホームページ：http://www.tg-net.co.jp/

印刷所　図書印刷株式会社

製本所　株式会社宮本製本所

Staff		
写真	北原千恵美	
スタイリング	木村ゆかり	
	李 亜襌（フィグインク）	
デザイン	八木孝枝、髙橋千恵子（スタジオダンク）	
ライティング	田口香代	
校正	岡野修也	
料理	若宮クッキングスタジオ	
料理アシスタント		
	辻紀子、小林富美恵、嶋村生子	
	大山樹愛、赤松真紀子	
企画・編集	柴遼太郎（フィグインク）	
編集D	牧野貴志	
進行管理	中川通、渡辺星、編笠屋俊夫	
撮影協力	豊橋温室園芸農業協同組合　大葉部会	
	UTUWA　03-6647-0070	

◎定価はカバーに表記しております。
◎本書記載の写真、記事などの無断転載を禁じます。
◎落丁、乱丁はお取り替えいたします。小社販売部までご連絡下さい。

©Nitto Shoin Honsha Co.,Ltd.2014
Printed in Japan　ISBN978-4-528-01615-6 C2077